가볍게 떠나는

심리학
시간여행

심리학의 역사를 움직였던
그들의 흔적을 산책하는 시간

장현갑 지음

학지사

머리말

　이 책은 심리학이 철학과 생리학 사이에서 태어나 20세기 후반에 이르는 동안의 발전 모습과 전개 과정을 34명의 저명한 심리학자를 통해 살펴본 것이다. 다른 과학에 비해 심리학은 현저히 젊은 과학이지만, 그 연구 주제와 영역은 엄청나게 다양하여 혼성 과학이라고도 불린다. 물론 이렇게 심리학의 연구 분야가 다양해진 것은 심리학과 관련 있는 인접 학문과의 관계가 남달랐기 때문이다. 따라서 이 책에서 언급하는 심리학자들 속에는 철학자, 심리학자, 생물학자, 의사들이 포함되어 있다.

　이렇게 다양한 성격을 가진 심리학의 발자취를 더듬어 보는 일은 결코 쉬운 일이 아니었다. 그러나 지난 25년간 심리학사를 강의했던 경험을 바탕에 두고, 당시 준비해 두었던 강의안과 최근 발간된 몇 권의 심리학사 관련 서적을 참고하여 이 책을 집필하겠다는 용기를 가졌다. 그러나 무엇보다도 나 자신의 개인적 관심이 이 책을 쓰게 된 가장 큰 동기였다.

　이 책은 다음과 같은 세 가지 의도를 가지고 집필했다. 첫째, 심리학의 역사에 큰 업적을 남긴 위대한 심리학자들의 삶과 핵심적 업적을 중점적으로 조망한다.

둘째, 현대 심리학의 학파를 등장한 순서에 따라 구성주의, 기능주의, 행동주의, 게슈탈트(형태주의), 정신분석학 그리고 인본주의로 나누어 기술한다. 인본주의 이후에 등장한 새로운 사조의 심리학은 이 책에서 다루지 않기로 했다. 이 새로운 심리학들은 현재도 진행 중이어서 역사적인 판단을 내리기에는 아직 이르다고 생각했기 때문이다.

셋째, 이 책은 심리학을 전공하는 학생뿐만 아니라 교양으로서 심리학에 관심을 가지고 있는 일반 독자들에게 심리학의 학문적 특성, 중요한 심리학적 관점의 등장과 논의 그리고 위대한 심리학자들이 자신의 삶의 문제를 극복해 가는 인간적 모습을 보여주고 있다. 또한 책을 통하여 독자들은 심리학이 철학적, 생리학적, 사회과학적, 인문학적, 의학적 내용들과 매우 밀접한 관련이 있는 학문이라는 것을 알게 될 것이다. 나아가 심리학의 역사를 공부하면 의식, 무의식, 감정, 학습, 기억 또는 정신병과 신경증 같은 중요하고 흥미로운 심리학적 문제들을 시대에 따라 어떻게 이해하고 대처해 왔는지에 대해서도 전체적으로 조망할 수 있을 것이다.

나는 이상과 같은 세 가지 의도를 가지고 개괄적이고 핵심적인 내용을 가능한 한 쉬운 말로 풀어 서술하려고 하였다.

이 책을 집필함에 앞서 몇 년간의 망설임이 있었다. 처음 아내와 자식들이 왜 심리학의 역사를 다룬 책은 별로 눈에 띄지 않느

냐고 하면서, 심리학 전체의 흐름을 쉽게 알아볼 수 있는 교양서적이 있으면 도움이 될 것이라고 강권했지만 시작이 쉽지 않았던 것이다. 평생 생물심리학과 뇌과학을 연구하고 강의해 온 사람으로서 갑자기 심리학의 역사에 관한 책을 쓴다는 것은 부담감이 느껴지는 일이었다.

그런데 자료를 정리하면서 심리학자로서의 나의 행보가 심리학사의 전개 과정과 상당한 접점이 있다는 것을 발견했다. 이를테면 생리학 교실, 약리학 교실에서 뇌과학을 10여 년간 연구한 경험, 나 자신의 마음을 알기 위해 2년간 직접 정신분석 수련을 체험했던 경험 그리고 수십 년 동안 참선, 사경, 국선도, 태극권 등의 명상 수련을 했던 경험을 바탕으로 마음과 몸의 관계에 관심이 많았다. 아울러 25년간 대학에서 심리학사를 강의해 온 사람으로서 심리학의 전개에 대한 나름의 관점을 정리해야 할 필요도 있었기에 결국 이 책을 집필할 용기를 내기로 했다.

이 책을 출판해 주신 학지사의 김진환 사장님에게 특별히 감사를 드린다. 그리고 이 책의 편집에 힘써 주신 편집부의 이호선 님에게도 감사를 전한다. 끝으로 내게 부담을 주면서까지 이 책을 쓸 용기를 부추겨 준 가족에게 고마운 마음을 전한다.

장현갑

차 례

머리말 / 3

01 • 심리학의 태동에 영향을 미친 철학자와 생리학자 ················· 8
  르네 데카르트 ································· 13
  존 로크 ······································· 19
  헤르만 헬름홀츠 ······························ 22
  구스타프 페히너 ······························ 26

02 • 심리학을 탄생시킨 분트와 구성주의의 등장 ················· 32
  빌헬름 분트 ································· 35
  에드워드 티치너 ······························ 45

03 • 진화론과 기능주의 심리학의 선구자 ················· 56
  찰스 다윈 ································· 61
  프랜시스 골턴 ······························ 68
  윌리엄 제임스 ······························ 73

04 • 미국 심리학의 선구자 ································· 82
  스탠리 홀 ································· 85
  제임스 커텔 ······························ 92

05 • 기능주의 심리학의 전개 ································· 100
  존 듀이 ································· 104
  제임스 에인절 ······························ 107
  하비 카 ··································· 110
  로버트 우드워스 ······························ 112

06 • 행동주의의 배경으로서 동물심리학 ················· 118
  에드워드 손다이크 ······························ 123
  이반 파블로프 ······························ 128

07 • 행동주의 심리학자 ··· 136

    존 왓슨 ·· 140

    에드워드 톨먼 ·· 152

    클라크 헐 ·· 156

    벌허스 스키너 ·· 160

    앨버트 반두라 ·· 165

    줄리언 로터 ·· 168

08 • 게슈탈트 심리학자 ··· 170

    막스 베르트하이머 ·· 174

    쿠르트 코프카 ·· 179

    볼프강 쾰러 ·· 182

    쿠르트 레빈 ·· 186

09 • 프로이트의 정신분석학 ·· 194

    지그문트 프로이트 ·· 196

10 • 프로이트 이후의 정신분석학과 인본주의 ·············· 226

    카를 융 ·· 230

    알프레트 아들러 ·· 237

    카렌 호나이 ·· 242

    에리히 프롬 ·· 248

    에이브러햄 매슬로 ·· 252

    칼 로저스 ·· 259

참고문헌 / 267

찾아보기 / 269

심리학의 태동에
영향을 미친
철학자와 생리학자

01

인간은 기계다 / **르네 데카르트**

지식은 경험을 통해 얻어진다 / **존 로크**

감각과 지각 연구에 새로운 지평을 제시하다 / **헤르만 헬름홀츠**

정신 현상은 양적으로 측정할 수 있다 / **구스타프 페히너**

수많은 학문 가운데 가장 오래된 학문 하나를 꼽는다면 그것은 아마 심리학이 될 것이다. 인간의 최초 물음은 '나는 누구인가?' 또는 '나의 마음은 무엇인가?' 였기 때문이다. 기원전 4~5세기경 소크라테스, 플라톤, 아리스토텔레스 등의 철학자들도 오늘날의 심리학자들이 연구하고 있는 학습, 기억, 연상, 동기, 지각, 꿈, 행동 이상 등에 관심을 가졌다. 그렇기에 이들 고대 철학자들이 바로 심리학자라고 말할 수 있으며, 엄격한 의미에서는 심리학의 역사가 철학의 역사와 함께한다고 할 수 있다.

그렇다면 심리학은 언제 철학으로부터 독립했을까? 이를 규정 짓기는 쉽지 않지만, 철학에서 독립하여 독특한 학문적 체계를 가진 심리학은 1879년부터 시작된 것으로 간주한다. 그러므로 2015년 현재 심리학이 철학으로부터 독립된 지 꼭 136년이 된다.

그러면 현대의 심리학과 철학 속에 있었던 이전의 심리학은 무엇이 다르단 말인가? 그 차이점은 인간의 마음에 관한 '의문의 내용'에 있다기보다는 인간의 마음과 행동을 '연구하는 방법'에 있다. 철학 속의 심리학은 사변, 직관, 통찰에 따른 일반화를 통해 인간의 마음을 추론하는 것이 주된 방법이었다면, 현대의 심리학은 과학적 방법이나 도구를 사용하여 인간의 마음을 체계적으로 연구하고 그로부터 얻은 사실을 해석하는 것이 주된 방법이다. 따라서 현대의 심리학은 인간의 마음이나 행동을 연구하기 위한 수단으로 잘 통제된 관찰법이나 실험법을 사용하여 문제에 접근하고 해결하려고 한다.

이처럼 인간의 정신 현상 규명에 과학적인 방법을 응용할 수 있다는 아이디어가 현대 심리학 탄생의 결정적 계기가 된다. 이 여명기의 문을 열게 한 위대한 철학자가 대륙합리론의 창시자인 프랑스의 르네 데카르트와 영국 경험론의 창시자인 존 로크다.

과학으로서의 심리학은 정신적 배경으로 데카르트나 로크와 같은 철학자들의 생각이 주도적인 역할을 하였지만, 실제의 연구 방법은 헬름홀츠와 페히너와 같은 생리학자들이 주도하였다. 따라서 과학으로서의 심리학은 정신적으로는 근대 철학자가 주도하고 실제적 작업은 19세기 초의 생리학자가 이룬 혼성 과학이다. 그러므로 여명기의 심리학자는 철학자와 생리학자인 셈이다.

공식적으로 심리학의 출범은 1879년 독일의 라이프치히 대학에서 철학과 생리학 교수였던 빌헬름 분트^{Wilhelm Wundt}가 처음으로 심리학 실험실을 개설한 해로 간주한다. 분트는 2년 후인 1881년 『철학연구^{Philosophische Studien}』라는 심리학 전문 학술잡지도 발간했는데, 이를 역사상 최초의 심리학 학술지의 탄생으로 본다.

이 장에서는 심리학이라는 새로운 과학의 탄생을 자극한 철학자 데카르트와 로크 그리고 정신 현상을 과학적으로 연구할 수 있게 한 생리학자 헬름홀츠와 페히너를 먼저 살펴보면서 이들이 현대 심리학의 탄생에 어떤 역할을 했는지 알아볼 것이다.

데카르트 이후 200여 년이 지나 오귀스트 콩트^{Auguste Comte}가 제안한 실증주의^{positivism}라는 새로운 개념이 서양 철학의 주된 사조가 된다. 실증주의의 핵심은 모든 것은 과학적 방법의 검증을 통하여 확정되어야 한다는 것이다. 다시 말해, 논쟁이나 사변을 통해서가 아니라 객관적 관찰을 통해서 얻어진 사실에 바탕을 두어야 한다는 것이며, 추론에 따르거나 사변에 의존하던 과거의 방법들은 모두 폐기하여야 한다는 것이다.

이러한 실증주의가 확산됨에 따라 추론적, 사변적 방법을 주로 사용하던 종래의 연구 방법에 큰 변화가 일어났다. 한편, 영국에서는 경험론자empiricists라 불리는 철학자들이 어떤 방식으로 지식(앎)을 얻게 되는가에 관심을 가지게 되었다. 그들은 지식이란 일차적으로 감각적 경험을 통해 후천적으로 학습된 것이란 입장을 피력하였다.

모든 지식은 오직 감각적 경험을 통해서만 얻을 수 있다는 경험론자들의 입장은 생득적 관념이 더 우세하다는 데카르트의 입장과는 차이가 있다. 즉, 경험을 거치지 않고 생득적으로 얻어지는 자아self, 신God, 완벽성perfection, 무한성infinity 등과 같은 데카르트가 주장한 관념은 학습이나 경험을 통해 얻어지는 후천적 경험을 중요시한 경험론자의 입장과 대립각을 이루는 것이다.

여기서 우리는 경험론자를 대표하는 존 로크의 생애와 그의 주요 생각들을 알아보기로 하자.

르네 데카르트

René Descartes: 1596~1650

데카르트의 생애

르네 데카르트는 1596년 프랑스 투렌 지역의 한 농촌에서 태어났다. 아버지가 의회 의원을 지낼 정도로 유복한 가정이었으므로 데카르트는 한평생 유유자적하게 여행을 즐겨도 좋을 만큼 충분한 유산을 물려받았다. 그렇지만 그는 끝없는 호기심과 뛰어난 천재적 재능, 무궁무진한 지적 욕망 때문에 학자적인 삶을 살기를 원하였다. 8세가 되었을 때는 제수이트 학교에 입학하여 8년 동안 수학, 물리학, 생리학, 철학 등의 인문학과 자연과학을 두루 공부하면서 학문적 재능을 보였다. 데카르트는 건강이 좋지 않았기에 교장 신부가 아침기도에 참석하지 말고 그냥 침대에서 쉬라고 권고했는데, 이때 이른 아침 침상에서 뒹굴면서 사색하던 것이 그의 평생 습관이 되었다. 16세에는 제수이트 학교를 졸업하고 잠깐 동안 파리 생활을 했지만 곧 지루함을 느꼈다. 그 후 그는 수학 공부를 더 많이 하기 위해 파리를 떠나 몇 년 간 고독한 생활을 하다 병에 걸린 것이 계기가 되어 새로운 이론을 발견하기도 한다.

데카르트가 살았던 17세기 초반은 과학 혁명의 시대였다. 이때 갈릴레오가 망원경을, 레벤후크Leeuwenhoek가 현미경을 발명했다. 이러한 과학 연구 기구들이 발명되면서 저 먼 우주에서부터 한 방울 물속 세계까지 바라볼 수 있게 되었다. 한편, 윌리엄 하비William Harvey는 심장이 온 신체에 혈액을 순환시키는 펌프 역할을 한다는 사실도 증명하였다. 한마디로 이때는 유럽인에게 신천지가 열린 시기였다.

1617년 21세의 데카르트는 네덜란드 왕의 시종 무관으로 자원 입대했다. 병골이면서 사색을 즐기는 데카르트 같은 사람이 시종 무관으로 자원 입대하게 되었다는 것은 참으로 의외라고 할 수 있다. 사실 그는 춤도 잘 추는 춤꾼이었고 도박도 잘하는 노름꾼이기도 했는데, 특히 뛰어난 수학적 재능 때문에 유명한 도박꾼이 될 수도 있었다. 그는 온갖 사악한 행동과 쾌락적인 행동에 두루 참여해 본 모험가이자 승부사이기도 했다. 그는 스토브 켜진 방 안에서 온종일 혼자 수학 문제를 풀거나 과학적 아이디어를 얻는 데 골몰하다 잠들기도 했는데, 꿈속에서 이런 문제가 풀리기도 했지만 게을러 빠진 자신을 질책하는 꿈도 자주 꾸었다고 한다.

20대 초반 데카르트는 깊은 사색 끝에 수학이 모든 과학에 두루 적용될 수 있는 것이므로 수학 공부에 평생을 바치기로 결심했다. 그래서 그는 수학 공부에 방해된다고 생각하여 결혼하지 않을 것이며, 친구들과의 인간관계도 맺지 않기로 마음먹었다.

네덜란드에서 6년을 보낸 후, 1623년 데카르트는 자신이 좋아하는 수학 공부를 본격적으로 하기 위해 파리로 돌아왔다. 하지만 파리의 생활이 너무나 혼란스럽다고 느껴 1627년 다시 네덜란드로 간다. 그때부터 20년 동안 네덜란드의 열 세 개 마을에 걸쳐 스물네 차례의 이사를 하면서 철저하게 고독한 삶을 살아간다. 그는 비록 자신의 거처를 비밀에 부쳤으나, 절친한 친구들과는 엄청난 양의 서신을 교환했다. 그가 공식적으로 관계한 곳은 로마 가톨릭 교회와 레이던 대학뿐이었다.

데카르트의 중요한 업적들은 모두 네덜란드 생활에서 나왔다. 그러나 어처구니없게도 종교적 박해를 받아 그의 저서들은 금지서가 되었고, 무신론자인데다 도덕적으로 방탕한 사람으로 몰려 재판을 받을 정도로 불행해졌다.

그러나 데카르트의 명성은 스웨덴의 크리스티나 여왕에게까지 알려졌고, 여왕은 그를 철학 개인 교수로 초빙하였다. 여왕의 제안을 받아들일 경우 자유를 구속당하고 혼자만의 은둔적 삶을 포기하게 된다는 것이 싫었지만 결국 그는 스웨덴에 가기로 결심한다. 여왕은 그를 데려오기 위해 전함까지 파견한다. 스웨덴의 크리스티나 여왕은 전형적인 여왕과는 전혀 다른 괴팍한 성격의 소유자로, 여성적인 매력이라고는 조금도 없었지만 5개 국어를 구사할 정도로 지적이었고 스웨덴의 수도 스톡홀름을 유럽 학문의 중심지로 만들려는 야심에 차 있었다. 이를 위해 세계적인 도서관을 건립하고 저명한 학자들을 초빙하였는데, 데카르트가 첫 번째 초빙 대상이었다.

여왕은 말을 잘 듣지 않는 고집쟁이 학생이었다. 난방 설비도 없는 추운 도서실에서 아침 다섯 시부터 공부하자고 고집하는 바람에 데카르트는 매일 너무나 춥고 이른 시간에 강의를 하지 않을 수 없었다. 이런 열악한 상태에서 4개월간 강의를 강행하다가 결국 폐렴에 걸려 1650년 2월 초하루, 54세의 나이로 세상을 떠났다.

데카르트의 핵심 사상: 심신관계론

데카르트가 심리학 발전에 끼친 지대한 공의 하나는 역사 이래 수천 년간 끌어왔던 마음과 몸의 관계, 이른바 심신心身관계 문제mind-body problem를 새롭게 조명해 보려 한 시도라 하겠다. 오랫동안 철학의 숙제 거리는 마음이라는 정신적 실체가 몸이라는 신체적 실체와 어떻게 구분되며, 이 두 실체는 어떤 상호작용을 하는지를 밝히는 것이었다. 쉽게 말해, '마음이라는 세계와 몸이라는 세계는 서로 구분되는 것인가?' 라는 의문에 대한 답을 찾는 것이었고, 플라톤 시대부터 많은 철학자는 마음과 몸이 서로 구분되는 실체라는 이원론二元論을 믿어 왔다.

  그러나 데카르트는 이 둘 사이에는 과연 어떤 관계가 있는지, 어느 하나가 다른 하나에 영향을 줄 수 있는지 혹은 서로 독립적인지를 의문시했다. 그는 기본적으로 정신이 신체에 영향을 줄 수 있지만, 몸이 정신에 끼치는 영향은 지극히 미미하다고 생각했다. 이처럼 양자 간의 관계를 비록 불완전하긴 해도 다소간의 상호작용이 이루어진다고 본 데카르트의 견해는 17세기 철학에서는 가히 혁명적인 것이었다.

  데카르트는 마음과 몸의 상호작용 지점이 뇌 속의 송과체 pineal body, conarium일 것이라고 생각하였다. 동물 정신 animal spirits이 신체 말초의 신경관을 거쳐 송과체에 압력을 주면 그것이 감각이 되고, 역으로 송과체로부터 신체 말초의 근육으로 가서 영향을 주면 신체 운동이 일어

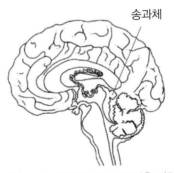

송과체

데카르트는 마음과 몸의 상호작용 지점이
뇌 속의 송과체일 것이라고 생각하였다.

난다는 것이다. 이 견해는 지금까지 우리의 몸을 영혼이 일방적으로 지배한다는 견해를 부정하는 혁명적인 것이다.

  데카르트가 현대 심리학 탄생에 영향을 미친 것은 인간의 신체를 기계로 비유한 점, 심신 상호작용에 대한 독특한 견해, 뇌 속에는 마음의 개개 기능이 고유한 위치를 점한다는 견해, 학습된

관념과 생득적 관념이 마음을 일으킨다는 견해 등이다. 이런 데카르트의 생각이 과학으로서 심리학의 탄생에 큰 역할을 했다. 학습된 관념보다 생득적 관념이 마음을 일으키는 데 더 중요하다고 강조했기에 데카르트를 선험론자 또는 생득론자라고 부른다.

존 로크

John Locke: 1632~1704

로크의 생애

존 로크는 변호사의 아들로 태어나 웨스트민스터의 공립학교
를 거쳐 옥스퍼드 대학에 진학했다. 그곳에서 1656년 학사 학위
를 받고, 이어 석사 학위도 받았다. 그는 옥스퍼드에서 수년간 머
물면서 희랍어, 수사학, 철학을 강의했으며, 그 후 의학 수업도 받
았다. 그는 또한 정치적인 일에도 관심을 가져 1667년에는 런던
으로 옮겨 가 샤프터스버리 백작의 비서가
되었다. 샤프터스버리 백작은 당시 정
치적으로 큰 영향력을 행사하던 정치
지도자 중 한 사람으로, 로크는 백작
의 신뢰와 사랑을 받았다.

그 후 샤프터스버리 백작은 정치
적 영향력이 점차 줄어든데다 찰스 2세
의 왕정 전복 음모에 가담한 죄로 네덜란

드로 망명을 떠나게 되었는데 이때 로크도 동행한다. 로크는 8년 후인 1689년 영국으로 돌아와 항소법원의 책임자 역할을 맡는다. 그 후 교육, 종교, 경제 등 다방면에 걸쳐 책을 쓴다. 특히 그는 종교의 자유와 개인의 권리에 관해 관심이 많았다. 로크의 저서는 많은 사람에게 감동을 주었고, 결과적으로 그는 권력과 명예를 얻게 되었다. 그는 전 유럽 국가에 걸쳐 자유주의의 주창자로 존경받게 되었고 미국 독립선언서의 작성에도 영향을 주었다.

로크는 1690년에 쓴 『인간성의 이해에 관한 시론An essay concerning human understanding』으로 심리학에 중요한 영향을 끼쳤다. 이 책은 그가 20년 동안 애써 온 연구와 생각을 집대성한 것으로, 1700년까지 10년 동안 4판을 찍었고, 프랑스어와 라틴어로도 번역되었다. 로크의 이 책이 영국 경험론 철학의 공식적 시작인 셈이다.

로크의 경험론이 심리학에 미친 영향

로크는 어떻게 지식을 획득하느냐에 주된 관심을 가졌다. 그의 결론은 바로 경험을 통해 얻어진다는 것이었다. 로크는 이 경험을 감각sensation으로부터 오는 경험과 마음속의 반성reflection을 통해 생기는 경험으로 구분하였다. 즉, 어떤 경험은 환경 속의 물리적 대상으로부터 직접적으로 일어나고 또 다른 경험은 마음속의 반성을 거쳐 일어난다는 것이다. 마음의 작용은 일차적으로 감각적 경험에 의해 주로 일어나기 때문에 반성에 의해 일어난 경험조차도 감각적 경험에 그 바탕을 둔다는 것이다.

로크는 관념을 단순관념simple idea과 복합관념complex idea으로 구분했다. 단순관념은 감각적 경험과 반성적 경험 모두를 거쳐 일어날 수 있고, 능동적인 것이 아닌 수동적인 것이며, 더 이상 분석될 수 없는 요소, 즉 알맹이로서 더 작은 관념으로 쪼개지지 않는 최소 단위의 관념이다. 반면 복합관념은 단순관념들이 모여 만들어지는 것으로서 단순관념으로 분석될 수 있다.

이처럼 관념의 결합과 분석이라는 로크의 견해는 곧 연상association이란 말로 특징지을 수 있는 '정신화학mental chemistry'이란 새로운 개념을 탄생시켰다. 즉, 연상이란 단순관념들이 모여 복합관념을 형성하는 것을 일컫는다. 연상 작용이 곧 학습이고, 복합관념이 단순 요소로 분석되고 단순 요소들이 모여 복합관념을 이룬다는 관점은 이후 과학으로서 심리학의 탄생에 중요한 영향을 끼치게 된다.

다시 말해, 지식이란 경험을 통해 얻어지는 것이며 단순관념들이 모여 복합관념을 형성한다는 로크의 견해는 후에 나타나는 구성주의 심리학과 학습 심리학의 형성에 막강한 영향을 미치는 것이다.

헤르만 헬름홀츠

Hermann Von Helmholtz: 1821~1894

헬름홀츠의 생애

19세기에 가장 위대한 과학자의 한 사람으로 물리학자이며 생리학자였던 헤르만 헬름홀츠는 물리학과 생리학 분야에서 많은 연구 업적을 쏟아 내었으며, 심리학 관련 분야에도 많은 연구 업적을 남겼다. 헬름홀츠는 다음에 언급할 페히너, 분트와 함께 심리학 탄생의 3대 선구자라 부른다. 헬름홀츠는 인간의 감각기관이 마치 기계처럼 작용한다고 생각했고, 신경 충동의 전달 과정이 전보의 전달 과정과 유사하다고 보아 이 두 과정을 비교하였으며, 신경 충동의 전달 속도를 실제로 계산하기도 했다.

헬름홀츠는 독일의 포츠담에서 출생했다. 아버지는 고등학교 선생님이었고, 건강이 좋지 않아 정규 학교에 다니지 못한 헬름홀츠는 아버지 밑에서 개인교육을 받았다. 17세에 베를린 의학학교에 들어갔는데, 이 학교는 졸업 후 군의관이 되어야 한다는 조건은 있었지만 학비는 면제였다. 그는 이 학교에 7년간 다니면서 수학과 물리학을 공부하고 논문도 몇 편 발표했다. 그는 에너지 불멸성이란 논문을 발표했는데, 이 논문에서 에너지 보존성을 수학적으로 공식화했다. 군의관으로 제대하고 나서는 쾨니히스베르크 대학의 생리학 부교수로 부임했다. 그 후 이 대학과 하이델베르크 대학에서 생리학 교수로, 베를린 대학에서는 물리학 교수로도 활동했다.

놀라운 열정의 소유자였던 헬름홀츠는 여러 분야의 학문 영역을 두루 탐구하였다. 시각생리학을 연구하면서는 오늘날까지도 망막의 상태를 검사할 때 사용되는 검안경을 발명하였다. 이 검안경의 발명으로 그의 이름이 세상에 널리 알려졌는데, 이때 그의 나이는 30세도 되기 전이었다.

헬름홀츠가 1856년에서 1866년까지 10년간 출간한 시각생리학에 관한 세 권의 저작은 이 분야에서 대단한 영향력을 미쳤고, 60년 후에는 영어판으로 번역되기도 했다. 그는 또한 청각에 관한 논문도 발표하였는데, 이 논문에서는 자신의 발견뿐만 아니라 이용 가능한 여러 논문도 두루 소개하였다. 그 밖에도 그는 색맹, 잔상, 인간의 안구 운동, 빙하의 형성, 기하학의 원리, 건초열 등 다양한 분야에 걸쳐 우수한 논문을 썼다. 말년에는 무선전신과 라디오 발명에도 관여했다.

1893년 헬름홀츠는 미국 시카고에서 열린 박람회를 관람하고 돌아오는 배에서 얻은 병으로 몸이 쇠약해졌으며, 그 후 1년이 채 되지 않아 뇌졸중으로 혼수상태에 빠진 채 사망하게 된다.

헬름홀츠가 심리학 탄생에 미친 영향

헬름홀츠는 신경 충동의 속도를 알아내고 시각과 청각에 관한 뛰어난 연구를 통해 심리학 탄생에 중요한 영향을 끼쳤다. 당시의 과학자들은 신경 충동이 너무나 짧은 시간에 일어나고 빠른 속도로 이동하기 때문에 측정이 불가능하다고 생각했다. 그러나 헬름홀츠는 많은 실험을 거쳐 개구리 다리의 운동 신경과 다리 근육 사이에서 일어나는 신경 충격의 전달 속도가 1초당 90피트라는 것을 확인했다.

또한 헬름홀츠는 사람을 대상으로 하나의 감각기관에 대한 자극에서 운동 반응이 일어나는 데까지의 회로를 연구함으로써 반응 시간을 측정할 수 있었다. 이 연구에서 그는 사람마다 반응 속도에서 심한 개인차가 있다는 것을 발견했고, 심지어 같은 사람의 경우도 시행마다 반응 시간에서 차이가 있다는 것을 알게 되었다.

헬름홀츠는 1802년 토머스 영Thomas Young과 함께 색채시각 이론을 발표했는데, 이 이론이 지금까지도 유명한 '영-헬름홀츠의 색채시각이론Young-Helmholtz theory of color vision'이다. 그리고

청각에 관해서도 달팽이관의 장소
에 따라 높은 소리와 낮은 소리에
반응하는 장소가 따로 있다는 '청
각의 장소설place theory of audition'
을 주장했다. 이 두 이론은 지금까
지도 생리학 교과서에서 중요한 이
론으로 인용된다.

헬름홀츠는 과학 연구의 응용
또는 실제적인 도움에 초점을 두었
다. 그는 단지 자료를 수집하기 위
한 목적으로 실험을 해야 한다고는

그는 과학자의 사명이 정보를 수
집한 다음 그것을 실제적인 문제
를 해결하기 위한 지식으로 확대
하고 응용하는 것이라고 생각했다.

생각하지 않았다. 그는 과학자의 사명이 정보를 수집한 다음 그것
을 실제적인 문제를 해결하기 위한 지식으로 확대하고 응용하는
것이라고 생각했다.

사실 헬름홀츠는 심리학자도 아니고 주된 관심 영역이 심리학
도 아니었다. 그러나 주된 연구 영역이 인간의 감각 분야였기에
그의 연구는 새로운 심리학의 중심 주제가 되는 감각과 지각의 연
구에 새로운 지평을 제시하게 된 것이다. 여기서 우리는 심리학의
창시자 분트가 헬름홀츠의 실험실에서 몇 년간 조수로 일했다는
것에 주목할 필요가 있다.

구스타프 페히너

Gustav Theodor Fechner: 1801~1887

페히너의 생애

구스타프 페히너는 평생 동안 다양한 지적 분야에서 활동한 학자다. 그는 7년은 생리학자, 15년은 물리학자, 14년은 정신물리학자, 11년은 실험미학자, 그 밖에 수십 년간은 철학자로 활동했다. 그리고 그는 86년의 생애 가운데 12년을 앞을 보지 못하는 시각장애인으로 보냈다. 그는 14년간 정신물리학자로 활동하는 시기에 가장 뛰어난 명성을 얻었고, 이때 그의 업적은 심리학에 큰 영향을 미쳤다.

페히너는 아버지가 성직자 생활을 하던 독일 동남부의 한적한 마을에서 태어났다. 그는 조숙한 편이어서 5세 때 이미 라틴어에 익숙했다고 한다. 16세에는 라이프치히 대학에서 대학 공부를 시작했는데, 그때 그곳에서 생리학자

에른스트 베버Ernst Weber의 강의를 들었다. 1822년 그는 라이프
치히 대학에서 의학 학위를 받았지만 의사로 개업한 적은 없었다.
그의 관심은 오직 수학과 물리학에 쏠려 있었는데, 불어로 된 물
리학과 화학 교과서를 독일어로 번역하며 얻은 수입으로 생계를
꾸렸다.

1830년대가 되면서 그의 관심 영역은 더욱 넓어져 시각의 잔
상에 대한 연구 영역까지 확대된다. 그는 불빛의 밝기와 시각 잔
상의 강도 사이에 어떤 관계가 있음을 밝혀내었다. 그는 태양이라
는 가장 밝은 불빛을 잠깐 동안 바라보는 것과 점점 시간을 늘려
바라보는 것에 따라 잔상이 어떻게 달라지는가를 자신이 직접 피
험자가 되어 실험하였다. 물론 필터를 끼고 태양을 바라보았지만,
시력이 심하게 손상되었고 급기야는 실명 상태가 되어 교수직을
사임하게 되었다.

잔상 사고가 있기 전에도 페히너는 두통과 가끔씩 자신의 생
각을 통제할 수 없어 고통을 겪었는데, 시력까지 잃게 되자 신경
증이 발생하여 여러 해나 지속되었다. 페히너는 병약자가 되어 암
흑 속에서 온갖 근심, 우울 그리고 심인성 질병까지 갖게 되면서
괴로움에 허덕였다.

페히너가 정상으로 돌아오기 시작한 것은 1842년부터였는데,
이는 자신의 삶에 대한 통제력을 되찾기 위해 부단히 노력한 덕택
이었다. 정상으로 회복된 후 그는 형이상학적인 마음의 문제에 관
심을 쏟았고, 1951년에는 다시 라이프치히 대학 교수직에 재임용

되었다.

페히너는 마음과 몸의 관계 연구에 몰두하면서 유물론을 극복하려고 노력했다. 그는 유물론을 밤 풍경night view이라고 불렀는데, 이 밤 풍경을 낮 풍경day view으로 바꾸는 것이 그의 바람이었다. 낮 풍경이라는 말은 당시 독일 철학에 유행하고 있던 관념론 운동idealism movement을 지칭하는 것이었다. 요컨대, 페히너는 마음과 몸을 동일한 근본적 실체의 두 가지 측면으로 간주했지만 이 실체의 일차적 특징은 마음이라고 보았다. 그는 마음과 몸의 관계를 개념화할 방법으로 정신물리학을 만들어 낸 것이다.

페히너는 마음과 몸이 조화롭게 그리고 수학적으로도 정밀하게 통합될 수 있다는 통찰을 얻었다. 만약 심리적 감각과 그것을 불러일으키는 물리적 자극의 관계를 측정한다면 자신의 통찰을 객관적으로 입증할 수 있을 것으로 생각했다. 그는 이와 같은 통찰을 입증하기 위해 10여 년간 노력했고, 1860년 『정신물리학 요점Elements of psychophysics』이라는 책을 출판했다. 이 책은 최초의 실험심리학 교과서로 간주되는 심리학의 고전이다.

페히너 정신물리학의 요점

1850년 10월 22일은 심리학 역사상 중요한 날의 하나로 기록된다. 그날 아침 침대에 누워 있던 페히너는 마음과 신체 간의 연결에 관한 하나의 통찰을 발견한다. 즉, 정신적인 감각과 물리적 자극 사이에 양적인 관계가 있다는 영감을 얻은 것이다.

다시 말해, 물리적 자극의 강도 증가와 지각된 감각의 증가 간의 관계는 일대일 대응관계가 아니라는 것을 발견한 것이다. 예컨대, 100와트, 200와트 그리고 300와트에 이르는 3종의 빛의 강도를 제시할 때, 물리적 척도상의 빛의 강도 증가에 대하여 그 자극에 대한 반응, 다시 말해 감각 강도의 증가는 줄어든다는 이른바 반응압축response compression 현상이 일어난다는 것을 발견한 것이다. 다시 말하면, 100와트와 200와트 간의 차이가 200와트와 300와트 간의 차이보다 더 크게 느껴진다는 것이다. 그리고 페히너에 따르면 이런 현상은 시각뿐만 아니라 촉각, 청각 등 다른 감각들에도 적용될 수 있다.

그 밖에 페히너는 한계자극법method of limit, 항상자극법method of constant stimuli, 평균오차법method of average error 등 정신물리학의 여러 방법을 고안하여 물리적 세계(자극)와 심리적 세계(감각) 간의 관계를 밝히는 획기적인 연구를 행하였고, 이런 발견들이 과학으로서의 심리학을 탄생시키는 결정적 계기가 되었다.

페히너가 심리학에 미친 영향

19세기 초 독일의 위대한 철학자 임마누엘 칸트Immanuel kant

는 마음의 과정에 대해 실험한다거나 측정한다는 것은 불가능하기 때문에 심리학은 결코 과학이 될 수 없다고 주장했다. 그러나 페히너가 정신 현상을 양적으로 측정할 수 있다는 것을 보여 줌으로써 칸트의 주장은 더 이상 고려의 대상이 되지 못하게 되었다. 분트가 심리학이라는 새로운 과학을 창시한 배경에는 페히너의 정신물리학적 발견이 굳건히 자리 잡고 있는 것이다.

비록 비판도 이루어지고 있기는 하지만, 페히너의 방법은 오늘날까지도 다양한 연구 분야에 걸쳐 널리 적용 가능할 뿐만 아니라 실험심리학자들을 훈련시키기 위한 프로그램에서 반드시 갖추어야 할 표준적 방법으로 여겨지고 있다. 지금부터 150여 년 전에 페히너가 활용하였던 방법들이 아직도 정신물리학 연구와 신호탐지이론 등에서 중요한 연구 방법이 되고 있다는 데 새삼 주목하지 않을 수 없다.

심리학을
탄생시킨 분트와
구성주의의 등장

02

최초의 심리학 실험실을 만들다 / **빌헬름 분트**

심리학의 첫 번째 공식학파, 구성주의 심리학파를 만들다 / **에드워드 티치너**

17세기부터 19세기에 걸친 2세기 동안은 데카르트의 심신관계론, 콩트의 실증주의, 로크의 경험론이 유럽의 시대 정신을 대표했다. 19세기 중반에 이르면 진화론과 정신물리학의 등장으로 인간의 이해에서 생물학적 관점이 주목받게 된다.

바로 이때 분트는 새로운 과학인 심리학이란 학문을 출범시킨다. 그는 1874년에 발간한 『생리심리학의 원리Grundzüge der physiologischen psycologie』라는 책의 서문에서 "내가 세상에 내놓으려는 이 책은 '새로운 과학 영역'을 제시하려고 하는 시도"라고 했다. 다시 말해, 분트의 목표는 독립된 과학으로서 심리학을 출범시키려는 것이었다.

이 장에서는 심리학의 창시자인 분트와 구성주의 심리학이라는 최초의 심리학 학파를 탄생시킨 티치너를 살펴보기로 한다.

빌헬름 분트
Wilhelm Wundt: 1832~1920

분트의 생애

빌헬름 분트는 독일 서부 만하임 교외의 한 시골에서 태어나 암울한 어린 시절을 보냈다. 분트는 초등학교 시절 좋은 성적을 얻지 못했으며 친구도 별로 없었다. 동갑내기의 정신박약아로, 성격은 부드러웠지만 벙어리처럼 거의 말을 하지 못하는 소년이 그의 유일한 친구였다. 분트의 아버지는 교회 목사로 성품도 쾌활하고 사교성이 좋은 사람이었지만 아버지에 대한 분트의 기억은 별로 좋지 않았던 것 같다. 분트는 80대 노인이 될 때까지도 아버지를 뒤따라 쫓아가려고 급히 층계를 따라 내려가다 굴러떨어진 일, 어느 날 학교를 방문하고선 선생님의 말씀에 주의를 기울이지 않는다고 자기의 뺨을 때렸던 일을 아버지에 대한 기억으로 말했다. 분트는 아버지의 조수였던 한 젊은 사제에게 사교육을 받았는데, 그는 이 사제를 아버지보다 정서적으로 더 가깝게 느껴서 이 사제가 다른 곳으로 옮겨 갔을 때 너무나 심한 충격을 받았다. 그리하여 결국 사제를 따라가 13세가 될 때까지 함께 살도록 허락받았다.

분트는 두드러진 학문적 전통을 가지고 있는 출중한 명문가에서 태어났다. 그의 조상들은 여러 분야에서 학문적으로 두드러진 위상을 보여 주었는데, 독일 전체를 통틀어 지적으로 분트의 가계를 능가할 수 있는 가계는 거의 없을 정도라는 평을 받았다. 그러나 어린 시절 분트는 지적으로 큰 자질을 드러내 보이지 못했다. 그는 공부보다는 공상을 더 많이 했으며, 고등학교 1학년 때는 낙제도 했다. 급우들과도 잘 어울리지 못해 가끔 선생님으로부터 야단을 맞기도 했고, 친구들로부터 조롱감이 되기도 했으며, 학교에서 도망친 적도 있었다. 그렇지만 분트는 점차 자신의 공상을 스스로 통제할 수 있는 방법을 배울 수 있었기 때문에 비록 학교생활을 좋아하지 않았음에도 불구하고 자신의 지적 흥미와 능력은 개발해 나갈 수 있었다.

19세에 고교를 졸업할 무렵 그는 대학 진학을 결심하게 된다. 돈도 벌고 과학적 탐구도 할 수 있기 위해서는 장차 의사가 되어야겠다고 마음 먹었다. 그래서 그는 1년간 열심히 공부해서 튀빙겐 대학 의학부에 진학하였고 그곳에서 3년간, 하이델베르크 대학에서 1년 반 동안 해부학, 생리학, 물리학, 의학 및 화학을 공부

했다. 특히 그중 유명한 화학자 로베르트 분젠Robert Bunsen 교수
가 강의하는 화학 분야에 크게 매료되었다.

　의과 대학 시절, 분트는 임상의학보다는 생리학 공부가 자신
의 취향에 더 맞을 것이라 생각하여 생리학을 전공하게 되었다.
베를린 대학에서 위대한 생리학자 요하네스 뮐러Johannes Müller
밑에서 한 학기 동안 생리학을 공부하고 다시 하이델베르크로 돌
아와 그곳에서 1855년 박사 학위를 취득했다. 그 후 하이델베르크
대학의 생리학 교실에서 헬름홀츠 교수의 조수로 있다가 1864년
부교수로 승진하여 1874년까지 10년간 봉직했다.

　헬름홀츠의 조수로 있는 동안 분트는 독립적이면서 실험적인
과학으로서의 심리학 탄생을 용의주도하게 준비했다. 그는 새로
운 과학으로서의 심리학을 제안하기 위해 1862년『감각지각이론
에 대한 기고Contributions to the theory of sensory perception』라는 책
을 출간한다.

　1867년 분트는 하이델베르크에서 심리학 분야의 첫 공식 강의
인 '생리심리학Physiological Psychology' 이란 강좌를 개설한 후, 몇
년 간 준비한 강의안을 바탕으로『생리심리학의 원리Grundzüge
der physiologischen psycologie』라는 대단한 책을 1874년과 1875년
에 걸쳐 출판하게 된다. 이 책은 심리학 역사상 가장 유명한 책 중
하나로 간주되는데, 37년간 여섯 번에 걸쳐 개정판을 출간했다.
마지막 개정판은 1911년에 나왔다. 이 책에서 분트는 실험실에서
연구하는 실험실 과학이라는 심리학의 위상을 세웠다. 그는 생리

학에서 발달해 온 여러 가지 실험 방법을 심리학에 적용하는 생리
심리학이야말로 심리학의 가장 핵심적인 모습이라고 간주한 것
이다.

1875년 분트는 라이프치히 대학의 생리학 정교수로 부임한 후
무려 45년간을 그곳에서 봉직한다. 그곳에 도착하자 곧 심리학
실험실을 만들고 학술지의 출간을 준비하게 된다. 분트는 책과 논
문 집필, 실험실 마련 그리고 학술지의 출간을 새로운 과학으로서
심리학의 출발 신호로 여기고 분주한 삶을 산다.

분트의 명성이 세상에 널리 알려지면서 수많은 학생이 라이프
치히로 몰려들었다. 이 학생들로부터 차세대 심리학의 중요한 계
승자가 나오게 되는데 그중에는 미국과 영국, 이탈리아, 러시아,
일본 등지에서 유학 온 학생
들도 있었다. 라이프치히의
심리학 실험실은 그 후 세계
여러 나라에서 뒤따라 만들어
진 심리학 실험실의 모델이
되었고 이곳에 온 유학생들은
뒤이어 태어날 심리학 학파를
선도하는 주인공이 되었다.

세계 여러 나라의 심리학 실험실 모델이
된 분트의 심리학 실험실

라이프치히에서 분트의 강의는 대단히 인기가 있어서 많은 수
강생으로 넘쳤다. 한 강좌에 600명 이상의 학생이 몰려들기도 하
였다. 분트의 첫 번째 제자인 미국 코넬 대학의 티치너 교수는 당

시 분트의 강의를 다음과 같이 회고하였다.

> 분트는 매우 정확한 시간에 강의실에 나타났다. 검은 양복을 입고 강의안 노트를 손에 들고 강의실 복도를 철벅철벅 걸어서 강의실로 들어온다. 연단에 올라선 후 강의에 들어가면 왼쪽 검지로 이마를 짚기도 하고, 분필을 손가락으로 돌리면서 청중을 향하고, 팔꿈치를 책상 위에 올려 턱을 괴기도 한다. 목소리는 처음에는 약하다가 점차 강도를 높여 간다. 손과 팔을 아래위로 휘젓기도 하고 앞으로 가리키기도 하고……. 신비로운 모습을 보인다.

학기 초 첫 컨퍼런스에서 분트는 새로 입학하거나 처음 만나게 된 대학원생들을 한 줄로 세우고는 일련의 연구 과제를 학생들에게 제시한 후 학생들이 서 있는 순서대로 한 학생에겐 A과제를, 다음 학생에겐 B과제를 배당해 준다. 학생들의 연구 수행을 친절하게 지도하고 감독해 주지만 논문의 통과 여부는 절대적으로 분트 자신의 뜻에 따르게 했다.

개인적인 삶으로 보면 분트는 매우 조용하고 흥분하지 않고 철저히 조절된 삶의 양식을 보여 주었다. 오전에는 책이나 관련 논문 그리고 학생들의 논문을 읽고 잡지를 편집하는 데 시간을 보내고, 오후에는 실험실을 정기적으로 방문하여 실험을 참관했다. 분트의 미국인 제자인 커텔James Cattell은 분트가 실험실을 5~10분이내의 짧은 시간 방문하며, 실험 결과를 전적으로 믿지만 그 자신은 실험자가 아니었다고 회고한다. 분트는 오후 대부분의 시간을 사색과 강의 준비에 활용했으며 강의는 언제나 오후 네 시에 시작했다. 그리고 저녁 시간은 음악 감상과 일상생활에 몰두했다.

그는 1886년에 『생리심리학의 원리』 2판을, 1887년에는 3판을 낸다. 1900~1920년 사이에는 열 권으로 된 거대한 저작인 『민족심리학Folk psychology』을 출판한다. 이 책은 언어, 예술, 신화, 사회 관습, 법률과 도덕 속에 나타나는 정신적 발달의 다양한 단계를 연구한 것으로, 그 내용은 실험심리학이 아닌 사회심리학적인 내용으로 이루어져 있다. 이로 미루어 보면 분트 심리학은 실험심리학과 사회심리학으로 양분되며, 사회심리학 분야는 실험과학이 아닌 사회학, 인류학, 사회심리학 등의 방법을 통해 연구되는 것으로 고등정신 현상이 주가 된다.

분트는 1920년 사망할 때까지 63년간 거의 쉬지 않고 엄청난 양의 작업을 수행해 냈다. 그는 1920년 자신의 심리학 회고를 완성한 직후 만 88세의 나이로 사망하였다.

심리학사 연구가인 하버드 대학의 보링Edwin Boring 교수에 의하면 분트는 1853년 21세부터 1920년 88세까지 하루 2.2쪽 분량의 작업을 하여 총 5만 3,735쪽에 이르는 글을 썼다고 한다. 가장 왕성한 인생의 시기 동안 백내장으로 인해 거의 실명에 가까울 정도로 시력이 나빴음에도 불구하고 이런 방대한 작업을 했다는 것은 그저 놀랍고 존경스러울 뿐이다. 누가 이 많은 작업을 한평생

해낼 수 있었을까? 분트야말로 실로 위대한 학자이며 심리학의 자랑스러운 창시자다.

분트의 심리학 연구법

분트는 심리학을 경험의 과학으로 정의했기 때문에 심리학 연구는 의식적 경험을 관찰해야 한다고 주장했다. 분트는 어느 누구도 타인의 경험 내용을 직접 관찰할 수 없기 때문에 심리학 연구를 위해선 자신의 경험 내용을 스스로 관찰하는 내성법(內省法, introspection)이란 방법을 사용해야 한다고 했다.

심리학에서 내성법은 빛이나 소리의 성질을 연구하는 물리학이나, 감각기관의 기능을 연구하는 당시의 정신물리학자 헬름홀츠나 페히너가 사용한 내성법과 유사한 것이다. 예를 들어, 생리학에서는 감각기관의 작용에 관한 정보를 얻기 위해 연구자가 피험자에게 특정 감각기관에 특정한 물리적 감각 자극을 체계적으로 적용하면서 이에 따라 발생하는 감각적 경험을 측정하는 방법을 사용한다.

분트의 심리학 실험실에서도 이와 같은 생리학적 방법을 적용하여 어떤 자극의 체계적 제시에 따른 심리적 경험을 관찰하여 언어로 보고하도록 하였다. 분트의 실험실에서는 전문적인 내성 보고자를 특별하게 훈련시켰는데, 한 사람당 표준적인 감각 실험 한

가지에 최소한 1만 번 이상의 실험을 반복하여 내성법의 객관성
을 확보하려고 했다.

분트가 연구하려는 심리학의 연구 주제는 크게 세 가지로, 의
식을 기본 요소들로 분석하는 것, 이 기본 요소들이 어떻게 결합
하는가를 밝히는 것 그리고 이 요소들의 결합법칙을 알아보는 것
이다. 그래서 분트 심리학은 의식의 요소를 분석하는 것을 강조한
다고 하여 요소주의 심리학이라 불리기도 하며, 반대로 이러한 감
각적 요소들이 결합하여 의식을 구성한다는 의미에서 구성주의
심리학이라 불리기도 한다.

경험의 요소

분트는 감각기관이 자극을 받아 발생하는 신경 충동이 대뇌에
이르러 일어난 결과가 감각sensation이고, 이러한 감각이 경험의
기본 요소가 된다고 주장했다. 그는 감각의 양식(시각, 청각, 촉각
등), 강도 그리고 기간에 따라 감각을 분류하려고 하였다. 분트는
감각과 심상心像, image 간에는 기본적인 차이가 없다고 했는데,
심상도 대뇌 피질의 흥분과 관련이 있기 때문이다. 분트는 생리학
자답게 대뇌 피질의 흥분과 이에 상응하는 감각 경험이 서로 일치
한다고 간주하였으며, 마음과 몸이 병행한다고 보았을 뿐 상호작
용한다고는 보지 않았다.

분트는 기분feeling을 경험의 또 하나의 기본 요소로 보았다. 그는 감각과 기분이 직접적 경험의 동시적 면이라고 생각했는데, 기분은 감각의 주관적 보충물로서 감각기관으로부터 직접 발생하는 생리적인 것은 아니라고 보았다.

분트는 '기분의 3차원설tridimensional theory of feeling' 이라는 학설을 제안하였다. 기분의 3차원이란 긴장tension과 위안relief, 쾌pleasure와 불쾌displeasure 그리고 흥분excitement과 침울depression 이 각각 한 차원이 되는 공간을 말한다. 그는 모든 하나하나의 기분은 그 위치를 이 3차원 속의 어느 한 점으로 나타낼 수 있다고 하였다.

분트는 정서란 이러한 개별적인 기분들의 복합체로서, 3차원 속에서 이 기분들 개개 요소의 위치를 밝힘으로써 효과적으로 기술할 수 있다고 믿었다. 분트의 기분의 3차원설은 라이프치히 연구실뿐만 아니라 세계 도처에 있는 심리학 연구실의 연구를 자극하게 되었다.

분트 심리학의 요점

분트는 최초의 심리학 실험실을 만들면서 마음, 즉 의식을 구성하는 기본 요소로서 감각, 기분, 심상과 같은 것을 주요 연구 대상으로 삼았다.

복잡한 물질도 궁극적으로는 몇 가지 원소로 환원될 수 있고 원소를 분석함으로써 물질의 성질을 구체적으로 알아볼 수 있듯이, 복잡한 의식의 내용도 의식을 이루는 경험의 요소를 분석함으로써 알아볼 수 있다고 믿었던 것이다.

분트의 라이프치히 실험실에서 훈련받은 제자들 가운데는 미국으로 건너가 분트식의 심리학을 발전시킨 티치너가 있는데, 그는 분트 심리학을 더욱 발전시켜 구성주의 심리학이라는 심리학의 첫 번째 공식 학파를 만들었다.

에드워드 티치너

Edward Bradford Titchener: 1867~1927

비록 그 자신이 빌헬름 분트의 충성스러운 제자라고 고백했지만, 에드워드 티치너의 심리학은 그가 독일에서 미국으로 건너오면서 스승인 분트의 심리학과 확연히 달라졌다. 티치너는 분트가 말하지 않았던 구성주의structuralism라 부르는 자기 자신의 심리학 연구 방법을 제안했다. 요컨대, 구성주의 심리학은 티치너가 미국에 와서 이름 붙인 것으로, 20여 년간 활기를 띠다가 행동주의의 도래와 함께 사라지고 만 최초의 심리학 학파다.

티치너는 대부분의 연구 활동을 미국의 코넬 대학에서만 했다. 그는 괴팍하기로 유명하여 옥스퍼드 대학 특유의 학위복인 가운을 입은 채 수업에 들어갔고 매 시간 극적인 연출을 보여 주었다. 강의 시간마다 연단 아래 첫 줄에는 몇 명의 조교가 앉아서 강의를 듣도록 했고, 젊은 교수들에게도 자신의 강

의 시간마다 출석하여 수강하도록 했다. 비록 티치너가 분트의 지도 아래 함께 연구한 것은 2년밖에 되지 않았지만, 그는 스승인 분트의 권위주의적 스타일의 강의 방식과 심지어는 턱수염 기르는 것조차도 닮으려고 했다.

티치너의 제자로, 나중에 하버드 대학 심리학과에서 실험심리학과 심리학사를 가르친 저명한 심리학자인 보링 교수는 티치너에 대해 다음과 같이 기술했다.

> 그는 영국 출신이지만 그를 잘 모르는 사람들은 그를 독일인으로 오인했다. 분트와 티치너 두 사람은 독단적이고 지배적인 성격의 유사성도 보여 준다. 티치너는 나이가 듦에 따라 점점 더 거만해지고 도량이 좁은 사람으로 변해 갔다.

티치너의 생애

에드워드 티치너는 런던에서 남서쪽으로 자동차로 한 시간 거리에 있는 도버 해협 근방의 치체스터란 곳에서 태어났다. 아버지는 그가 13세 때 사망하여 변호사인 할아버지가 그를 키웠다. 소년 티치너는 성실하고 재능이 뛰어나 이름난 명문 몰번 고교를 장학생으로 졸업하였다. 옥스퍼드 대학에 진학하여 철학과 고전을 공부했으며, 진화론적 생물학에 매료되었고, 생리학에도 관심이 많아 생리학 조수 역할도 했다.

그는 많은 상을 받았고 특히 언어에 탁월한 재능을 보여 라틴어, 희랍어, 독일어, 불어, 이탈리아어를 유창하게 구사했다. 일화에 의하면 한 옥스퍼드 대학 교수가 티치너에게 연구 보고서를 주면서 일주일 안에 네덜란드어로 논문을 번역해 달라고 부탁했다. 그런데 그가 네덜란드어를 모른다고 하니까 교수가 배워서 써 보라고 했고, 그는 실제로 일주일 만에 언어를 배우고 번역을 해 냈다고한다. 이런 일화가 전해질 정도로 그는 어학에 뛰어난 천재였던 것으로 보인다.

옥스퍼드 대학에 재학하고 있을 때 분트의 심리학에 흥미를 갖게 된 티치너는 라이프치히로 가 분트 밑에서 심리학을 공부한다. 그로부터 2년 후인 1892년에 티치너는 분트의 지도로 박사 학위를 받는다. 박사 과정 중일 때 티치너는 분트와 그의 가족과 밀접한 관계를 유지해 분트의 집에 종종 초청받았고, 산악지대에 있는 휴양처에서 분트 가족과 함께 크리스마스 휴가를 보내기도 했다.

박사 학위를 받고 난 후 분트는 새로운 실험심리학을 영국에 소개하는 개척자가 되길 원했다. 그러나 티치너가 옥스퍼드로 돌아왔을 때 그곳의 동료들은 철학적 논제에 과학적으로 접근하는 방식에 회의적인 태도를 보였다. 고심 끝에 그는 영국을 떠나 미국 뉴욕 주에 있는 코넬 대학으로 가서 심리학을 가르치고 실험실을 맡아 운영하게 된다. 당시 그는 25세였고 60세에 뇌종양으로 사망할 때까지 35년간을 코넬 대학에서만 머문다.

티치너는 1893년부터 1900년까지 실험실을 만들고, 연구를 수행하고, 학술논문을 쓴다. 그의 이름이 세상에 널리 알려지면서 많은 학생이 코넬 대학으로 몰려들기 시작한다. 그가 코넬에 있던 35년 동안 56명의 심리학 박사 학위자를 배출했는데, 대부분의 학위논문이 티치너의 아이디어에 따른 것이었다. 티치너는 학생들에게 연구 과제를 선택하게 할 때 자신이 관심 있는 이슈만 학생들에게 할당해 주었다. 그렇게 해서 그는 학생들의 연구를 중심으로 구성주의 심리학의 토대를 구축해 나갔다.

티치너는 분트의 저서를 영어로 번역했다. 분트의 『생리심리학의 원리』 3판의 번역을 마쳤을 무렵 분트는 이미 4판을 출간했고, 티치너가 곧바로 4판을 번역했더니 지칠 줄 모르는 분트는 또 5판을 출간했다.

티치너는 자신이 쓴 『심리학개요An outline of psychology』(1896) 『심리학 입문Primer of psychology』(1898) 그리고 네 권으로 된 실험심리학: 실험실습 매뉴얼Experimental psychology: A manual of laboratory practice』(1901~1905)을 출간한다. 티치너의 책들은 많이 읽혔고 러시아어, 이탈리아어, 독일어, 스페인어, 불어로도 번역되어 출판되었다.

분트처럼 티치너도 명강의로 이름났다. 그의 강의는 언제나 만원이었고 복도나 인접한 빈 강의실까지 수강생이 꽉 찰 정도였다. 학생들을 흥분시키고 매료시키는 데는 그의 특이한 음성도 한몫했다. 그의 제자인 보링 교수는 "당시 나는 공학도였는데 그의 첫 강의에 매료되어 5년 후에는 심리학으로 전공을 바꾸었다."라고 밝혔다.

티치너는 나이 들어 가면서 심리학 연구에서 음악이나 동전 수집 같은 것으로 취미가 바뀌었다. 그는 일요일 저녁 그의 집에서 심포니 오케스트라를 조직하여 작은 음악회를 열었고, 공식적으로 코넬대에 음악학과가 만들어지기 전 코넬대의 음악관리 Charge of Music 교수로 여러 해 일하기도 하였다. 동전 수집에 관한 흥미 때문에 중국어와 아랍어를 배워 동전에 새겨진 글자까지 해독할 수 있을 정도였다.

말년이 되어 티치너는 사회와 대학생활에서 물러나 은둔생활에 들어갔다. 동료들과도 만나지 않고 집에서 혼자서만 일했다. 1909년 이후 그의 강의는 매년 봄 학기 동안에 한해서 월요일 저녁에만 있었다. 그의 부인이 모든 방문자를 일일이 검열하여 외부의 침입자로부터 그를 보호했다. 긴급한 경우를 제외하고는 누구도 전화를 걸 수 없었다.

티치너는 비록 매너면에서는 전형적인 독일 교수의 권위주의적인 모습을 보여 주었지만, 그를 존경하고 따르는 학생들이나 동료 교수들에게는 도움을 베풀었다. 전해 오는 이야기에 의하면 한 젊은 동료 교수와 한 대학원 학생은 자발적으로 그의 차를 세차해 주고 그의 집 창문에 스크린을 설치해 주었다고 한다.

그의 제자인 칼 달렌바흐 Karl Dallenbach 교수는 "흡연을 배우기 전에는 결코 좋은 심리학자가 될 수 없다."라는 티치너의 말을 인용했다. 그래서 티치너의 제자들은 스승의 면전에서 시가를 피워 댔고 달렌바흐 자신도 처음으로 시가를 피웠더니 고질병이 없어 지더라고 했다. 티치너의 제자 사랑은 제자들이 코넬을 떠났을 때도 여전했다. 달렌바흐는 박사 학위를 받고 난 후 의과대학으로 가 연구하려고 했는데, 티치너가 오리건 대학에서 강사직 한 자리를 얻은 후 그곳으로 가라고 하길래 마음 내키지는 않았지만 오리건 대학으로 가게 되었다고 했다.

그러나 모든 학생이 티치너에게 호의적으로 대하지는 않았다. 능력 있는 많은 대학원생은 그의 지나친 간섭과 통제에 분개해서 저항을 하다가 자신이 눈 밖에 났다는 것을 알고서 그의 곁을 떠나간 후 다시는 되돌아오지 않았다.

20세기에 접어들자 티치너의 구성주의 심리학에 도전하는 조류가 일어나기 시작했다. 존 왓슨의 급진적이고 극단적인 행동주의 물결이 일기 시작하고 독일로부터 형태주의(게슈탈트) 심리학이 알려지면서 티치너의 구성주의 심리학에 대한 비판이 쏟아져 나왔다. 한편, 새롭게 등장한 기능주의 심리학은 티치너 식의 협소한 접근법보다는 더욱 폭넓은 응용력을 가지고 심리학의 새로운 지평을 열어 각광을 받게 되었다.

티치너는 코넬 대학에서 56명의 박사를 배출했는데, 그중 19명이 여성이었다. 티치너의 첫 번째 박사 제자는 마거릿 워시번 Margaret Washburn이란 여성 심리학자였다. 그녀는 1908년 『동물의 마음The animal mind』이라는 유명한 비교심리학 교과서를 썼

고, 미국 최초로 국립과학아카데미 소장과 미국심리학회APA회장
을 역임하였다. 티치너는 평생 여덟 권의 저작과 200편이 넘는 논
문을 썼으며 그 밖에 많은 번역물을 남긴 티치너는 1927년 뇌종
양으로 사망하였는데, 그의 제자들 가운데 불행히도 그의 업적을
계승하려는 사람이 없었다. 따라서 구성주의 심리학은 티치너와
함께 역사에서 사라지게 되었다.

티치너 심리학의 연구 주제와 방법

티치너 심리학은 구성주의 심리학이라 불린다. 그는 모든 과
학이 기본적으로 같은 종류의 탐구 주제를 가지기 때문에 심리학
이라는 신생 과학과 물리학이라는 전통 과학 사이에 공통점이 있
다고 보았다. 티치너는 심리학의 탐구 과제를 세 가지로 제안하였
다. 첫째는 의식의 과정을 가장 단순한 요소로 환원하기이고, 둘
째는 의식의 요소들이 연합되는 법칙을 찾는 것이며, 셋째는 의식
의 요소들이 생리적 조건들과 서로 연결되는 방식 찾기다.

일반적으로 자연과학자들은 그들이 연구하기 원하는 자연계
의 한 부분을 결정하면 먼저 그 부분의 요소를 발견하고, 그다음
에는 그 요소들이 어떻게 복잡한 현상으로 조성되는가를 밝히며,
마지막으로 그 현상을 지배하는 법칙을 찾고자 한다. 티치너의 구
성주의 심리학의 목적은 이러한 자연과학의 목적과 일치하며, 그

의 많은 연구는 바로 의식의 요소들을 발견하려 한 것이었다.

티치너의 의식 요소

티치너는 감각, 심상 그리고 감정 상태를 의식의 세 가지 기본 상태로 정의하였다. 감각이란 기본 요소로서 소리, 광선, 냄새, 그리고 환경 속의 물리적 대상에 의해 촉발되는 경험이다. 심상은 관념의 요소로서 이 순간 실제로 나타나는 것이 아니라 과거에 있었던 일에 대한 기억과 같은 경험이 반영되는 것이다. 그리고 감정 상태란 정서의 요소로서 사랑, 미움, 슬픔과 같은 경험에서 발견되는 것이다.

티치너는 감각 요소의 목록을 제시했는데, 이 목록에는 모두 4만 4,500개의 개별적 감각의 질이 포함되어 있다. 그중 3만 2,820개는 시각적 요소, 1만 1,600개는 청각적 요소로 확인되었다. 이런 개개 요소가 바로 의식을 구성하는 기본 요소이고, 이 요소들이 다른 요소들과 결합하여 지각과 관념을 만든다는 것이다.

말년에 이르러 티치너는 그의 구성주의 심리학을 근본적인 문제에서부터 수정하기 시작했다. 1918년부터는 그의 강의에서 정신 요소mental elements라는 개념을 삭제하고 심리학이 의식의 기본 요소만을 연구하는 데서 그칠 것이 아니라, 정신적인 삶의 보다 큰 개념까지 확장해서 연구해야 한다고 했다. 1920년경에는 구성주의 심리학이란 말에조차 의문을 제기하면서 그의 이론을 실존심리학existential psychology이라 불렀고, 내성법을 현상학적 방법phenomenological approach, 다시 말해 경험을 요소로 분석하지 않고 일어나는 그대로의 생생한 경험을 관찰하는 방법으로 재고하길 바랐다.

티치너에 대한 평가

티치너에 대해 많은 비평이 있음에도 불구하고, 심리학의 역사가들은 티치너와 그의 구성주의 심리학의 기여에 대해 찬사를 보내는 것도 사실이다. 의식 경험을 명쾌하게 정의한 그의 연구 주제와 관찰, 실험, 측정에 바탕을 둔 그의 연구 방법은 과학적 전통을 잘 계승한 것이라 보았다.

비록 구성주의자들의 연구 주제와 목적이 더 이상 계승되지는 못했지만 언어 보고에 바탕을 두고 있는 내성법은 아직도 많은 심리학 영역에서 계속되고 있다. 예컨대, 여러 가지 소리의 질을 비교할 때 특정 소리가 다른 소리에 비해 더 부드러운지를 가려내야 하는 경우 피험자의 음성 보고를 위주로 한다. 그리고 우주선과 같은 무중력 상태의 비정상적 환경에 노출되어 있는 피험자가 느끼는 감각이나 기분을 음성으로 관찰한다거나, 일상이나 상담 장면에서 환자의 주관적 느낌이나 경험을 언어로 보고하는 것도 내성법에 기초한 것들이다. 그 밖에 인지심리학, 산업/조직심리학에서도 언어 내성 보고 자료를 유용하게 사용하는 경우가 많이 있다. 명상에서 강조하는 알아차림 같은 것도 내성법을 통해 알아볼 수 있는 것이다.

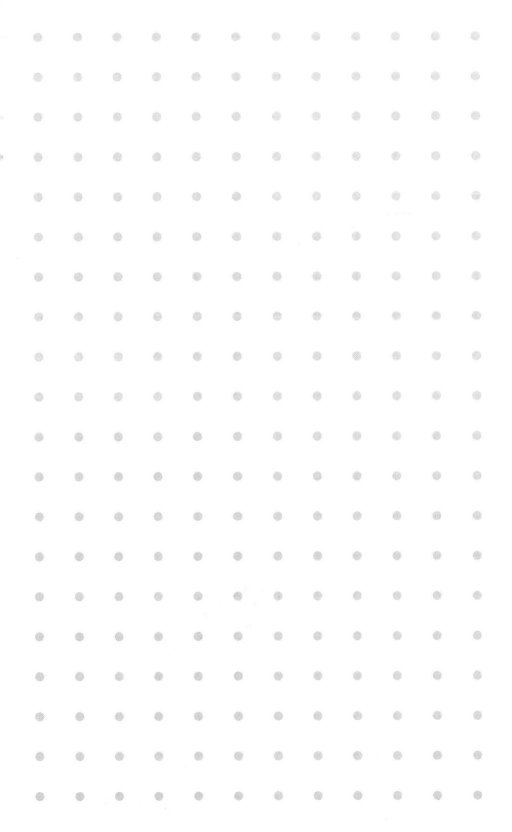

진화론과
기능주의
심리학의 선구자

03

진화론, 비교심리학을 등장시키다 / **찰스 다윈**

개인차 심리학의 창시자 / **프랜시스 골턴**

기능주의 심리학의 태동에 기여하다 / **윌리엄 제임스**

심리학의 두 번째 공식 학파는 기능주의functionalism 학파다. 기능주의에서 '기능'이란 유기체가 자신이 처한 환경에 적응해 가는 능력을 언급할 때 사용하는 말로서, 이 학파의 등장은 19세기 중반을 뒤흔든 진화론의 등장과 매우 밀접한 관련이 있다. 그런데 이 학파는 진화론이 등장한 영국과는 무관하게 미국에서 더욱 발전하였다. 앞서 언급한 구성주의자들이 마음이 어떤 요소로 구성되어 있는지에 주된 관심을 두었다면, 기능주의자들은 마음의 활동이나 기능들이 서로 결합하여 어떻게 현실에 적응하는 데 활용될 수 있는지에 주목한다. 그래서 기능주의자들은 구성주의자들이 즐겨 사용하는 내성법이나 의식을 요소로 분석하는 것에는 관심이 없고 대신 의식의 기능, 즉 의식의 작용에 주로 관심을 갖는다.

또한 구성주의 심리학은 너무 협소하고 엄격하여 마음이 어떤 상황에 부딪혀 무슨 일을 어떻게 하느냐 하는 실용적이고도 실제적인 의문에 답하지 못하기 때문에 기능주의가 등장하게 된 것이라고 설명한다. 기능주의자들은 주어진 환경 속에서 유기체의 적응을 강조하기 때문에 심리학의 응용성에 많은 관심과 흥미를 보인다. 이러한 기능주의의 측면 때문에 정통성을 고수하기보다는 응용성을 중시하는 미국의 풍토에서 기능주의가 더 환영받고 발전할 수 있었던 것이다. 기능주의는 미국의 실용주의 철학을 낳게 된 정신적 토양이라 할 수도 있다.

기능주의는 19세기 후반에 발아하여 21세기 초반인 지금까지

한 세기 반 동안 계속하여 꽃을 피우고 열매를 맺어 왔다. 19세기 후반 분트 시대에 빛을 발하고 티치너에게 이어졌다가 20세기 초반에 명멸해 버린 구성주의 심리학과는 사뭇 다르다. 이러한 기능주의 심리학의 태동은 찰스 다윈과 프랜시스 골턴과 같은 진화론자에 크게 영향받았다. 따라서 이 장에서는 다윈과 골턴과 같은 진화론자들이 기능주의 심리학의 전개에 어떤 영향을 끼쳤는지 먼저 살펴보기로 한다.

다윈이 1859년에 펴낸 『종의 기원On the origin of species』은 서양 문명사에서 가장 영향력 있는 책의 하나로 간주된다. 이 책 속에 실린 진화론은 현대 심리학의 등장에도 지대한 영향력을 미쳤다. 오늘날 심리학의 중요 이슈와 개념 가운데 진화론의 아이디어와 관점에서 비롯된 것이 너무나 많기 때문이다.

진화론의 정신적 발아는 18세기 말부터 이미 나오기 시작했다. 찰스 다윈과 프랜시스 골턴 두 사람의 할아버지(두 사람은 서로 내외종 간)로서, 의사이며 생물학자였던 이래즈머스 다윈Erasmus Darwin이 18세기 말에 언급한 다음과 같은 말이 진화론의 의미를 이미 내보이고 있었다. "모든 항온동물은 하나의 단세포 동물로부터 진화되었고 신에 의하여 생기animation를 받았다." 이러한 진화론적 견해는 프랑스의 동물학자이며 진화론자인 장 밥티스트 라마르크Jean Baptiste Lamarck의 견해에서도 뚜렷이 나타난다. 그는 동물의 신체에 돌연변이가 생기는 것은 유기체가 주어진 환경에 잘 적응하기 위해 몸부림친 결과라고 했는데 예컨대, 기린의 목이 길어진 것은 긴 목을 가진 개체가 짧은 목을 가진 개체보다 환경에 더 잘 적응하여 살아남았기 때문이라는 것이다.

19세기 중엽에 이르러서는 이러한 진화론을 함의하는 다양한 생각이 곳곳에서 싹트게 되어 더 이상 진화론의 도래를 막을 수 없는 시대적 분위기가 팽배해졌다. 바로 이때 진화론을 결정적으로 주장할 만한 충분한 자료들을 두루 갖춘 다윈이 등장한 것이다.

찰스 다윈
Charles Darwin: 1809~1882

다윈의 생애

찰스 다윈은 1809년 슈루즈버리라는 영국의 시골에서 부유한 의사의 아들로 태어나 유복한 가정에서 자랐다. 어린 시절 다윈은 게으름을 피우고 운동에만 관심을 가졌지 학교 공부에는 통 관심이 없어 학업에서는 별로 뛰어난 재능을 보여 주지 못했다. 다윈의 아버지는 아들이 보인 평범한 모습을 보고 그가 가족의 명예에 손상을 끼치지나 않을까 걱정했다. 왜냐하면 그의 집안은 여러 분야에서 훌륭한 인물을 배출한, 영국에서 가장 뛰어난 가문이었기 때문이다.

다윈은 학교 가는 것을 좋아하지 않아 학업 성적은 하위권이었지만 엽전이나 조개껍데기, 이상한 광물질의 수집에는 남다른 관심을 보였다. 아버지는 가업을 이어 의사가 되어 주길 바랐기에 그를 에든버러 의대에 강제로 유학 보냈지만 그는 의학 공부에 별다른 흥미를 느끼지 못했다.

다윈이 의학 공부에 흥미를 느끼지 못한다는 것을 알아차린 아버지는 의학 공부 대신 목사가 되길 바랐다. 그래서 이번에는 케임브리지 대학으로 가서 3년을 보냈는데, 그는 이 3년이 학문적 관점에서는 완전 허송세월한 것이었지만 인생이란 관점에서는 그의 일생 가운데 가장 행복했던 시기였다고 고백하였다. 이때 그는 딱정벌레를 잡고, 사냥을 하고, 허구한 시간을 또래의 별 볼일 없는 젊은이들과 어울려 술 마시고, 노래 부르고, 카드 놀이를 하며 보냈다.

그러던 중에 그는 케임브리지에서 식물학자 스티븐 헨슬로 Steven Henslow를 만났다. 헨슬로는 영국 정부가 전 세계를 다니면서 과학 탐험을 하도록 지원한 비글Beagle호의 항해에 다윈을 박물학 연구원으로 참여할 수 있도록 추천했다. 이 유명한 비글호의 항해는 1831년부터 1836년까지 5년 동안 대서양의 여러 섬을 거쳐 남미 최남단의 마젤란 해협을 지나 타히티와 뉴질랜드의 남태평양의 군도를 지나고, 에콰도르 앞바다의 갈라파고스 제도 등을 경유하여 영국으로 되돌아오는 장기간의 먼 바닷길 여행이었다. 이 여행으로 다윈은 다양한 식물과 동물의 삶을 자세하게 관찰할 수 있었고 방대한 양의 과학적 자료를 수집할 수 있는 절호의 기회를 얻었다. 진화생물학자로서의 다윈의 운명적인 일생이 점차 모습을 드러내게 된 것이다.

이 여행을 통해 다윈의 성격은 엄청나게 변했다. 전처럼 빈둥거리지도 않았고, 헌신적이고 전념적이며 사려심 깊은 태도의 과학자로 변신했다. 1839년 30세에 결혼했고, 3년 후에는 연구에만 집중하기 위해 시골로 이사했다. 시골로 이사한 것은 외부인의 방해를 받지 않고 오직 연구에만 몰두할 수 있기 위해서였다. 이사한 지 얼마 지나지 않아 구토, 소화불량, 습진 등 온갖 자질구레한 질병을 앓게 되는데, 그는 이런 자잘한 병들과 평생을 함께해야만 했다. 다윈은 이런 질병을 핑계로 다른 사람들과의 접촉을 더욱 제한한 채 고독한 삶을 살면서 오직 진화론의 집대성에만 노력을 다할 수 있었던 것이다.

비글호의 항해에서 돌아온 직후부터 다윈은 종의 진화에 대해 확신을 가졌다. 그러면 왜 즉각 진화론을 발표하지 않고 22년이나 되는 긴 시간을 끌어왔을까? 가장 중요한 이유는 그의 신중하고 보수적인 과학자적 태도 때문이었다. 그는 진화론을 발표한 이후에 밀어닥칠 후폭풍을 미리 예견하고 있었다. 그래서 충분한 자료 보완과 이론 구상에 그렇게 오랜 시간을 보냈던 것이다.

시골에서 연구생활을 한 지 3년 후, 즉 항해에서 돌아온 지 6년이 지난 1842년에 신중에 신중을 거듭하여 자신의 이론을 35쪽짜리 논문으로 요약하여 발표했고, 2년 후에는 다시 200쪽 짜리 논문으로 발표했지만 그는 만족하지 못했다. 그는 그의 이론을 대중과 공유하는 것을 꺼렸지만 절친한 식물학자 라이엘Charles Lyell과 후커Joseph Hooker와는 교류했다. 그 후 15년 동안 다윈은 자료를 보다 철저히 검토하고, 보완하고, 수정하고 정교하게 다듬는 데 많은 시간을 보냈고 드디어는 진화론을 난공불락의 완벽한 이론으로 만들게 되었다.

1858년 6월 다윈은 월리스^{Alfred Russel Wallace}라는 젊은 박물학자로부터 청천벽력 같은 소식을 담은 편지 한 장을 받는다. 월리스는 다윈보다 열네 살 아래로 당시 병의 회복을 위해 서인도제도에 머물고 있었는데 다윈의 이론과 놀라울 정도로 유사한 진화론을 담은 논문을 보내온 것이다. 편지에서 월리스는 다윈에게 이 이론에 대한 의견을 묻고 출판할 수 있도록 도와달라고 하였다. 비록 월리스의 이론이 단 3일 만에 쓴 것이고 뒷받침할 만한 자료가 부족했지만, 그의 논문은 22년 동안 온갖 노력과 뼈아픈 고생을 해 온 다윈에게는 가슴을 뒤흔들기에 충분할 정도로 훌륭했다.

다윈은 월리스의 편지를 받고 자신이 오랜 세월 동안 노력한 결과가 한순간에 물거품으로 돌아가지는 않을까 걱정이 되어 마음이 괴로웠다. 그것이 대세를 뒤집어 놓을 것이라고는 생각하지 않았지만 그렇다고 당장 출판을 감행한다면 불명예스러운 일이 될 수도 있을 것이라 생각했기 때문이다. 게다가 바로 그때 다윈은 18개월 된 아들이 성홍열로 사망하게 되는 비운을 맞게 된다. 어린 아들의 죽음에 따른 엄청난 고통은 다윈에게 '종의 기원'이라는 제목으로 출판을 감행하게 하는 역설적인 힘으로 작용했다.

1859년 『종의 기원^{On the origin of species}』 초판이 나온 첫날,

1,250부가 팔렸다. 이 책은 즉각적으로 엄청난 흥분과 논란을 야기하였다. 온갖 악담과 비판이 다윈을 향해 쏟아졌지만 그럼에도 다윈의 이 연구는 역사상 가장 위대한 업적의 하나로 평가받았다. 다윈의 진화론은 단순한 하나의 이론theory이 아닌 그 이상의 원리principles로 간주된다.

다윈의 업적이 심리학에 미친 영향

　다윈의 진화론은 유기체가 자신이 처한 환경에 적합하게 적응하면 살아남아 종을 이어 가지만 적합하게 적응하지 못하면 종을 이어 갈 수 없어 도태된다는 이른바 자연도태natural selection라는 개념이 핵심이다.

　몸부림 끝에 살아남아 성숙한 단계까지 이른 개체는 그들이 살아남기 위해 그동안 활용했던 기술이나 이점들을 그들의 자손에게 전한다. 자손들 가운데는 자신의 부모보다 더 윗대의 조상으로부터 물려받은 이점들까지 가지고 있는 경우가 있는데, 이를 물려받은 자손들은 생존에서 더더욱 유리하다.

　다윈의 이론이 확산되는 19세기 후반은 심리학이 한참 발아하여 성장하는 시기와 맞물려 있다. 이때 다윈이 인간과 동물 사이에 정신적 기능 면에서 연속성이 있다는 혁명적인 아이디어를 제기한 것이므로 그 영향력은 실로 엄청난 것이었다. 다윈이 제기한 연속성 개념은 주로 해부학적 근거에 바탕을 둔 것이긴 하지만 행동과 정신 능력 과정에도 연속성이 존재할 것이란 짐작을 가능케 했다. 따라서 만약 인간의 정신(마음)이 보다 원시적인 동물의 정신으로부터 진화되어 온 것이라 한다면 동물의 정신과 인간의 정신 사이에 어떤 유사성이 있을 것이라고 추측해 볼 수 있는 것이다.

이런 문제에 대한 검토로서 다양한 종의 동물을 대상으로 정신 능력을 서로 비교·연구하는 이른바 비교심리학comparative psychology이라는 새로운 학문 분야가 활성화되었다. 이 비교심리학의 등장이 바로 진화론이 심리학에 미친 첫 번째 영향이라고 할 수 있으며, 비교심리학은 심리학의 초기, 특히 기능주의 심리학이 발생하기 직전부터 크게 주목받았다.

두 번째 영향은 진화론에서는 의식을 자신이 처한 환경에 대한 적응 능력으로 보았다는 것이다. 이 견해는 분트를 중심으로 한 구성주의 심리학자들이 의식은 마음을 구성하는 하나의 요소라고 보는 입장과는 판이하다. 결국 의식에 대한 이러한 견해 차이는 심리학의 주요 연구 대상이 의식의 구조라기보다는 의식의 기능이라는 쪽으로 기울어지는 입장을 대두시킨다. 따라서 의식의 기능이 유기체로 하여금 환경에 잘 적응하도록 하는 역할이라는 데 중점을 두는 심리학의 새로운 사조인 기능주의 심리학이 태동된다. 이러한 기능주의 심리학은 진화론이 발생한 영국에서가 아니라 응용과 적응을 강조하는 미국에서 더 활발하게 전개된다.

세 번째 영향으로, 진화론의 초기에는 종 내의 해부학적 개체

차를 주로 강조하였지만 머지않아 심리적 기능에서의 개체 차를 주장하는 입장도 등장한다. 따라서 개인의 지적 능력, 적성, 성격, 흥미 등 심리적 기능의 개인차 이론과 측정에 관심을 갖는 개인차 심리학individual psychology이 강조된다.

프랜시스 골턴
Francis Galton: 1822~1911

프랜시스 골턴은 다윈의 열세 살 아래 외사촌이다. 골턴은 다윈이 진화론을 발표하자마자 이를 즉각적으로 심리학에 응용하여 개인차 심리학이라는 심리학을 만든다.

다윈이 신체 구조에서의 개인차를 강조한 데 반해 골턴은 인간 능력에서의 유전적 개인차라는 문제를 주로 연구하였다. 골턴 이전에는 인간 능력에서의 개인차 문제를 심각하게 고려하여 연구한 사람이 없었다. 비록 페히너나 헬름홀츠와 같은 19세기 초 독일의 생리학자들이 감각 반응 측면에서 개인차를 연구했지만 더 이상의 체계적인 연구는 이루어지지 않았다.

골턴의 생애

골턴은 뛰어난 재능을 가진 천재(IQ

200 이상으로 추정됨)로서 다양한 아이디어를 가졌고 또 그것을 실천에 옮긴 사람이다. 그는 손가락 지문, 패션, 미인의 지리적 분포, 역도力道, 가계家系의 장래, 기도의 효과, 상관계수 측정 등 다양한 문제에 관심을 갖고 연구하고 또 발명까지 했다.

골턴은 1822년 영국의 버밍엄 근처에서 9남매의 막내로 태어났다. 아버지는 성공한 은행가였으며 그의 가족은 의회, 교회, 군부 등의 온갖 요직에 진출하여 두드러지게 성공했다. 어린 시절부터 특별히 영민했던 골턴은 이런 성공한 가족원들로부터 사랑과 관심을 받으면서 자랐다. 생후 12개월 때 골턴은 알파벳 대문자를 모두 알았고, 18개월에는 영어와 희랍어의 알파벳을 모두 외워 그것들로 놀기를 좋아했는데 이 문자들을 안 보이는 곳으로 치워 버리면 울면서 보챘다고 한다. 그리고 2세 반에는 처음으로 책을 읽었고, 5세에는 이미 호머Homer(그리스 시인)의 작품에 익숙해 있었다.

16세가 되었을 때 아버지는 골턴을 버밍엄에 있는 종합병원의 특별 학생으로 입학시켜 의학교육을 받게 한다. 그는 이때부터 의사 수업, 약물 처방, 의학서 탐독, 부러진 다리의 교정, 손가락 절단, 이 뽑기, 예방주사 접종법 등을 의사로서 경험하는 동시에 호레이스Horace(로마의 서정시인)나 호머 같은 대문호의 시집도 읽었다. 사실 그는 의학 공부가 좋아서 한 것이라기보다 아버지의 권유를 뿌리칠 수 없었기 때문에 마지못해서 한 것이었다.

의학 수련을 받고 있을 당시 한 가지 재미있는 사건이 발생했다. 골턴은 약제실에 있는 수많은 약품의 효능을 하나하나씩 직접 알아보고 싶은 호기심이 발동했다. 그래서 알파벳 A로 시작하여 Z에 이르는 약물 하나하나를 소량씩 섭취해 보고 그 효과를 직접 체험해 보기로 했다. 그런데 이 위험한 실험은 C에 이르러 멈추게 된다. 배설을 촉진하는 강력한 완하제인 파두오일croton oil을 섭취하여 설사를 심하게 하고 나서 이 흥미진진한 실험을 끝낼 수밖에 없었기 때문이다.

버밍엄의 종합병원에서 1년간의 특별 의학 수업을 마치고 난 후, 골턴은 이번에는 런던에 있는 킹스칼리지로 본격적인 의학교육을 받으러 갔다. 1년간의 의학교육을 받은 후에는 계획을 바꾸어 케임브리지 대학의 트리니티 칼리지로 수학 공부를 하러 갔으나 심한 정신장애를 앓아 중도에 포기하고 다시 의학 공부로 되돌아왔다. 그런데 그때 마침 아버지가 돌아가셔서 지긋지긋한 의학 공부에서 해방될 수 있었다.

아버지의 사망으로 해방감을 느끼게 된 골턴은 오래 갈망했던 외국 여행에 나선다. 그는 1845년 아프리카의 수단 지방을 여행한 후 1850년에는 아프리카의 남서 지방으로 탐험 여행을 다녀왔다. 당시 이 지방으로 여행간다는 것은 몹시 힘들고 위험하여 그곳을 탐험한 백인이 거의 없을 정도였다. 이 여행에서 그는 텔레타이프의 프린터를 처음으로 발명하게 되었다. 그가 여행에서 돌아와 출판한 여행기는 미지에 대한 탐험 기록으로 인정받아 왕립지리협회로부터 메달을 수여받게 된다.

골턴은 1850년 결혼한 후 건강상 이유로 더 이상의 여행은 할 수 없게 되었지만 그가 탐험가들을 위해 쓴 『여행기술The art of travel』이란 안내용 책자는 8년 동안 8판을 찍을 정도로 인기가 있었다. 이 책은 최근 2001년에도 새 판이 나왔다. 그 밖에도 그는 탐험대를 조직하고 후원하는 일에 도움을 주었고, 크림전쟁에 참여하는 군인들에게 야영 생활에 도움이 되는 강의도 했다.

골턴의 호기심은 끝이 없어 이번에는 기상학에 관심을 갖게 되어 복잡한 기상 자료를 효과적으로 다룰 수 있는 장비를 디자인하고는 책으로도 썼는데, 그것이 기상 자료를 패턴화하는 최초의 시도였다고 한다.

1859년, 사촌형인 다윈이 『종의 기원』을 출판하자 골턴은 진화론에 심취하게 된다. 처음에는 진화론의 생물학적 측면에 매료되어 획득형질이 유전될 수 있는가의 여부를 밝히기 위해 토끼들 사이에 수혈의 효과를 검증했다. 비록 진화의 유전적 측면에 관해서 오래 관심을 두지는 않았지만 다양한 정신적 측면에 대한 골턴의 관심은 현대 심리학에 많은 영향을 끼쳤다.

골턴이 심리학에 미친 영향

골턴이 심리학적 주제에 관심을 갖고 연구한 기간은 16년에 불과하지만 그가 심리학에 미친 공헌은 실로 대단하다. 엄격한 의미에서 보면 골턴은 전형적인 심리학자가 아니라 우생학자 또는 인류학자로 분류되는 것이 더 타당하다는 주장도 있다.

그는 엄청난 천재이고 호기심이 많아 그의 재능과 기질이 어느 한정된 한 가지 영역의 학문에만 머물 수가 없었던 것 같다. 골턴은 적응, 유전 대 환경, 종 간의 비교, 아동 발달, 질문지 방법, 통계학적 기법, 개인차, 정신력 검사 등에 두루 관심을 가졌는데, 사실 그가 다룬 이런 주제들은 20세기 심리학자들의 주요 연구 주제다.

골턴의 연구 과제는 분트의 연구 과제보다 미국 심리학자들에게 더 큰 영향을 주었음에 틀림없다. 프루겔J. Flugel과 웨스트D. A. West는 심리학의 100년 역사를 회고하는 글에서 다음과 같이 기술했다.

> 골턴은 과학의 역사상 다시 태어날 수 없는 사람이다. 그처럼 뛰어나고, 다재다능하고, 관심 영역이 넓고, 뛰어난 능력을 보여 주고, 편견이나 선입견 없는 위인은 결코 발견할 수 없다.

윌리엄 제임스

William James: 1842~1910

윌리엄 제임스에 관해서는 미국 심리학의 창시자이고 기능주
의 심리학의 선구자라는 긍정적인 평과 함께, 그는 심리학자도 아
니고 더구나 기능주의 학파와는 관련 없다는 부정적인 평도 있다.

비록 그가 실현하려고 한 심리학이 과학적이고 실험적인 것이
긴 했지만, 실험심리학자의 태도도 실험심리학에 별다른 열정도
보여 주지 않았던 것 또한 사실이다. 그는 분트처럼 한평생 심리
학에 헌신한 것이 아니라 잠깐 동안 심리학에 관심을 보였다가 금
방 다른 분야로 관심을 옮겼다. 사실 제임
스는 어떤 심리학파를 만들지도 않았고
어떤 심리학파에 속하지도 않았다. 그
러나 심리학사에서 그의 위상이 확고
하고도 의미 있다는 것은 부인할 수
없다. 비록 그가 기능주의 심리학을
세우지는 않지만 그의 논문이나 생각
이 미국에서 기능주의 심리학을 태동시키

는 데 큰 기여를 했다는 데는 이론의 여지가 없기 때문이다.

제임스의 생애

윌리엄 제임스는 1842년 미국 뉴욕 시의 아스토 하우스라는 호텔에서 다섯 형제 중 첫째로 태어났다. 유명한 소설가이자 비평가인 헨리 제임스Henry James는 그의 동생이다. 당시 미국에서 두 번째 부자였다고 하는 제임스의 아버지는 다섯 아이의 교육에 매우 헌신적이어서 아이들이 유럽과 미국을 오가면서 다양한 경험을 쌓도록 해 주었다. 제임스도 13세의 사춘기에 유럽으로 건너가 5년 동안 프랑스, 영국, 스위스, 독일, 이탈리아 등 여러 나라에서 유학하면서 견문을 넓혔다. 그의 아버지는 무엇보다 자식들의 지적 독립심을 높이려고 노력했는데, 제임스는 평생 그런 아버지의 가르침을 지키려고 했다. 어린 시절 5년간이나 유럽 여러 나라에서 보낸 지적, 문화적 경험은 제임스가 세계적 안목을 기르는 데 큰 도움이 되었다.

그의 아버지는 제임스에게 돈을 벌기 위해 직장을 갖거나 공부를 하라고 권유한 적이 한 번도 없었으며 오직 과학에 흥미를 갖도록 용기를 불어넣어 주고 당부하였다. 예를 들면, 그의 아버지는 제임스가 유럽에서 유학하던 15세 되던 해 크리스마스 선물로 현미경과 온갖 화학 실험을 할 수 있는 실험 기구들을 선물하였다.

1860년 미국으로 돌아온 18살의 제임스는 화가가 되고 싶어 당시 유명한 화가였던 윌리엄 모리스 헌트^{William Morris Hunt}의 화실에 6개월 정도를 다녔다. 그러나 소질이 없어 화가의 꿈은 포기하고 1861년에 하버드 대학의 이과대학격인 로렌스 과학학교에 입학하여 화학을 전공한다. 그러나 화학 실험실에서 연구하는 일이 너무 힘들고 인내심도 없어 그만두고 의과대학으로 옮겨 간다. 외과 수련을 제외하고는 의학 수련이 너무나 허황되다는 것을 목격하고 나서는 1년 만에 의사되기도 포기한다.

1865년 제임스는 동물학자 루이 아가시^{Louis Agassiz}가 아마존에 분포하는 수생동물의 표본을 채집하는 탐험 프로젝트에 조수로 참여하게 된다. 이 여행에서 그는 자신이 이 분야 연구에서 요구되는 자질로서 정교하게 자료를 수집하고 분류하는 데 소질이 없다는 것을 발견하게 된다.

비록 1865년 아마존 과학 탐험에서 돌아온 후에 의학에 관심이 없다는 것을 알기는 했지만 더 매력적인 일을 발견하지 못하여 마지못해 의학 공부를 계속하기로 했다. 그러나 우울증, 소화불량, 불면증, 안과 질환, 요통 등으로 학업을 중단한 후 1867년 독일의 드레스덴과 베를린으로 요양을 가서 목욕을 즐기면서 질병을 치료하기도 하고 문학서적도 자유롭게 탐독하게 된다. 또 베를린 대학에서 생리학 강의를 들으면서 과학으로서의 심리학이 이제 막 시작되고 있다는 소식도 알게 된다.

그래도 제임스는 1869년 하버드 대학에서 생리학 전공으로 의학 박사 학위를 취득하게 된다. 하지만 우울증이 더욱 심해져 삶에 대한 의지가 더욱 약해졌고 자살까지도 생각하게 되었다. 그래서 삶의 철학적 의미를 찾기 시작했는데, 그것은 지적 호기심이라기보다는 절망 끝에 나온 절실한 몸부림이었다. 그는 자유 의지에 관한 몇 편의 글을 읽고 난 후 자유 의지를 믿음으로써 자신의 병을 치유할 수 있었다. 병이 치유되었다는 증거로, 그는 1872년 하버드 대학에서 생리학 강의를 맡게 된다.

1875년에 제임스는 하버드에서 '생리학과 심리학 간의 관계'라는 심리학 강좌를 맡게 된다. 이 강좌는 미국의 대학에서 처음으로 개설된 실험심리학 강좌였는데 불행히도 이 강좌에 수강 신청을 한 학생은 아무도 없었다. 제임스는 심리학 강좌의 개설에 따른 실험실 설치 비용과 장비 구입비로 300달러의 지원을 해 줄 것을 학교 당국에 요청했었다. 만약 이 심리학 강좌가 폐강되지 않고 개설되어 심리학 실험실이 세워졌더라면 심리학의 역사는 크게 바뀌어 심리학의 창시자는 분트가 아닌 제임스였을 수도 있었다.

1878년은 제임스의 인생에 두 개의 큰 사건이 일어난 해다. 하나는 36세의 제임스가 27세의 학교 교사를 아내로 맞이하게 된 것이다. 이 여인을 아내로 맞이하게 되는 계기는 바로 그의 아버지였다. 제임스가 어느 날 어떤 회합 끝에 집으로 돌아오니 아버지가 "내 아들의 아내 될 사람(며느릿감)을 오늘 만나 보았다."는 말을 했다. 그리고 얼마 지나지 않아 제임스는 실제로 이 여인과 결혼하여 다섯 자녀를 낳았다. 이를 통해 그의 인생에 질서가 잡히고 삶의 모습이 크게 달라지게 되었다. 두 번째 사건은 심리학 역사의 고전이 된 『심리학의 원리The principles of psychology』의 출판계약이 헨리 홀트사와 이루어진 것이다. 계약 당시 제임스는 2년 이내

『심리학의 원리』는 1890년 드디어 두 권의 책으로 출판되는데, 이는 오늘날까지도 심리학 분야에 가장 중요한 기여를 한 책으로 여겨진다.

에 이 책을 완성할 것이라고 했지만 최종 출판까지는 12년이나 걸렸다.

1880년 제임스는 하버드의 생리학 조교수가 되고, 1885년에는 철학 정교수가 된다. 그리고 1889년에는 드디어 심리학 교수가 된다. 『심리학의 원리』의 출판이 늦어지게 된 주원인은 유럽 여행이었는데, 제임스는 유럽 여행 동안 분트를 비롯한 당시 유럽의 많은 심리학자를 만나게 된다. 분트를 처음 만나고선 "그는 아주 우아한 목소리와 가지런한 이가 드러나는 미소를 짓는 기분 좋은 인상을 주는 좋은 인물"이었다고 말했는데, 몇 년이 지난 후에는 "그는 천재가 아니며, 단지 모든 것을 다 알려고 하고 모든 것에 대해 자신의 의견을 표현하려고 하는 한 사람의 교수일 뿐"이라고 말하기도 하였다.

『심리학의 원리』는 1890년 드디어 두 권의 책으로 출판되는데, 이는 오늘날까지도 심리학 분야에 가장 중요한 기여를 한 책으로 여겨진다. 이 책이 출판된 지 80년쯤 지난 1969년 심리학자 맥레오드R. B. MacLeod는 『윌리엄 제임스: 끝나지 않은 과제William James: Unfinished business』라는 책에서 다음과 같이 논평했다.

제임스의 『심리학 원리』는 지금까지 출판된 어떤 책보다 교양 있고literate, 도발적provocative이고, 동시에 명료한intelligible 책이라는 데 이론의 여지가 없어 보인다.

제임스는 『심리학의 원리』를 출판한 후 하버드 심리학 연구실을 후고 뮌스터베르크Hugo Münsterberg 교수에게 물려주고, 독일의 프라이부르크 대학으로 갔다가 하버드로 되돌아와 철학 교수로 부임한다. 뮌스터베르크 교수가 주도한 하버드 심리학 연구실은 실험실 연구의 전통을 이어 가기보다는 심리치료, 법정심리학, 산업심리학 등 다양한 응용 분야의 심리학으로 관심이 변화되어 갔다.

비록 제임스는 하버드에 처음 심리학 실험실을 열고 장비를 갖춘 장본인이었지만 그는 실험주의자가 아니었다. 그는 심리학의 실험 연구의 가치에 대해 확신을 가져 본 적도 없고, 개인적으로 좋아하지도 않았다. 그는 뮌스터베르크에게 보낸 편지에서 "나는 천성적으로 실험 연구를 싫어한다."라고 고백할 정도였다.

제임스는 그 후 20년 동안을 심리학을 떠나 철학의 체계를 가다듬는 데 시간을 보낸다. 그 결과, 그는 1890년대 미국 철학의 중심 리더가 된다. 1899년 출판된 그의 책 『교사들과의 대화Talks to teachers』는 그동안 교사들에게 강의한 내용을 기초로 쓴 것으로, 심리학을 교실 내의 학습 장면에 응용하는 데 큰 도움을 주었다. 1902년에는 『다양한 종교 경험Varieties of religious experience』이란 책을, 1907년과 1909년에는 두 권의 철학서를 펴낸다.

제임스는 건강이 악화되어 1907년 65세의 나이로 하버드에서 은퇴한다. 그리고 마지막 유럽 여행길에서 돌아온 지 이틀 만에 10여 년 전 등산 사고로 입은 심장 손상이 악화되어 끝내 사망하게 된다.

제임스의 업적이 심리학에 미친 영향

제임스는 실험주의자도 아니고 특정 학파의 설립을 주도한 사람도 아니었다. 그럼에도 어떻게 심리학에 그토록 큰 영향력을 행사할 수 있었고 심지어는 가장 위대한 심리학자로까지 간주되고 있을까?

하버드 대학의 실험심리학자이며 심리학사의 대가인 보링Edwin Boring 교수는 1950년에 쓴 「미국 심리학에서의 진화적 영향The influence of evolutionaly theory upon American psychological thought」이라는 논문에서 다음의 세 가지 이유를 들어 제임스의 영향을 언급하였다.

첫 번째, 지난 과거나 현재를 통틀어 제임스만큼 영민하고 명료하게 글을 잘 쓴 사람은 없다.

두 번째, 제임스는 모든 운동, 예컨대 내성적 방법에 따라 의식을 요소로 분석하려는 분트의 운동 등을 포함하여 모든 심리학 운동에 부정적인 태도를 취했다.

세 번째, 제임스는 마음을 새로운 각도에서 보았다. 다시 말해 심리학을 기능주의적 입장으로 바꾸어 보았다.

제임스의 가장 두드러진 업적은 12년이나 끌면서 쓴 두 권의 『심리학의 원리』로, 이 책에서 그는 심리학을 자연과학, 특히 생물과학으로 보았다. 그는 의식의 과정을 유기체의 삶 속에서 어떤 변화를 가져오게 하는 유기체의 활동으로 보았다. 제임스는 유기체의 사고나 이성뿐 아니라 활동이나 열정까지도 주목했다. 이것은 인간을 이성적 피조물이라고만 생각해 오던 당시의 생각을 뛰어넘은 것이다.

『심리학의 원리』 1권은 여섯 개 장으로 되어 있다. 첫 번째 장은 심리학의 기초로 생물학적 바탕biological foundations을 다루었다. 여기서 그는 정신 활동에서 신경계통 활동의 중요성을 무엇보다 강조하여 언급하고 있다. 그에 따르면 모든 정신 활동은 활동에 참여하는 신경계통의 변화에 따라 결정된다. 따라서 한번 특정한 활동을 하고 난 후에는 앞서 행한 활동과 유사한 활동을 계속해 보려 하는데 이것이 습관이 되고, 이렇게 하여 이루어진 습관은 정신 활동의 핵심 요인이 된다는 것이다.

제임스는 마음과 몸 사이의 모든 철학적 관점을 비판하였다. 그는 몸과 마음의 관계를 자연계에서 일어나는 자연스러운 현상으로, 의식의 과정은 마음으로, 신체의 과정은 뇌로 받아들였고 의식 상태의 연속성과 뇌 과정의 연속성 간의 연결에 주목하였다. 그는 자연과학으로서의 심리학은 마음과 신체 사이에 어떤 일이 일어나든 있는 그대로 받아들여야 하지, 그것을 억지로 설명하려 하지 말아야 한다고 생각했다. 그 밖에 심리학의 연구 주제와 방법, 의식에 대한 관점과 특성에 관해 자세히 다루었다.

『심리학의 원리』 2권은 감각을 다룬 장부터 시작해서 지각, 신념, 이성, 본능 그리고 의지 작용까지 차례로 다루었다. 그리고 마지막 두 장에서는 최면과 심리발생학(인간과 개인의 발달)을 다루었다.

마지막으로, 그의 저서는 존 듀이를 필두로 그의 제자들에게 엄청난 영향력을 행사하여 기능주의 심리학 태동에 토대가 되었다.

미국 심리학의
선구자

04

미국심리학회를 창설하다 / **스탠리 홀**

정신적 능력을 측정하는 심리검사 풍토를 일으키다 / **제임스 커텔**

미국 심리학의 창시자가 윌리엄 제임스라는 데는 이론의 여지가 없지만, 그는 심리학이란 한 영역에만 머물지 않았고 후학의 양성에도 큰 역할을 하지 못했다. 초기 미국 심리학의 공식적 태동에서도 제임스보다는 스탠리 홀과 제임스 커텔의 역할이 두드러진다. 홀과 커텔이 뿌린 씨앗은 기능주의라는 미국 심리학의 꽃이 피어나는 직접적 토양이 된다.

홀은 뜨거운 열정을 쏟아부으며 심리학 영역의 확장과 홍보에 전력을 다했다. 커텔은 미국 심리학에서 과학적 방법론을 적용하여 의식의 요소를 분석하기보다는 의식의 기능, 다시 말해 정신적 능력을 측정하는 심리검사 풍토를 일으키는 데 큰 역할을 했다.

이들의 삶의 발자취를 더듬어 보면서 이 두 거물이 기능주의 심리학에 미친 다양한 영향을 알아보자.

스탠리 홀
Stanley Hall: 1844~1924

홀의 생애

스탠리 홀은 1844년 매사추세츠 주의 한적한 농가에서 태어났다. 그는 어릴 때부터 호기심이 남달랐는데 그의 이런 성격과 태도는 평생 지속되었다. 14세에 바깥세상으로 나아가 무언가 의미 있는 일을 하겠다는 굳은 각오를 가지고 고향을 떠나 도회지로 나온다. 그가 청년기에 가장 두려워했던 것은 자신이 평범하고 일상적인 삶을 살게 되는 것이었다. 19세 되던 1863년 윌리엄 대학에 진학했다. 특히 진화론에 강한 매력을 느껴 열심히 공부했고, 진화론에 대한 호기심이 심리학 공부나 활동을 지향하는 동기가 되었다. 그는 대학을 최우등으로 졸업했는데 특히 생리학과 진화론에 열정을 보였다.

홀은 1867년 목사가 되어야겠다는 절실함도 없이 뉴욕 시에 있는 유니언 신학대학원에 입학하게 된다. 그런데 진화론에 대한 그의 관심은 신학 공부를 하는 데 도움이 되지 못하고 오히려 방해만 되었다. 그는 지도교수의 권유에 따라 독일의 본 대학으로 옮겨 가 철학과 신학을 공부하다가 베를린 대학으로 다시 옮겨 가 생리학과 물리학을 공부하게 된다. 베를린 대학에서 공부하면서 자주 맥주도 마시고 극장도 갔는데, 이런 낭만적 경험은 엄격한 청교도 가정에서 자란 그에게는 너무나 충격적인 경험이었다.

1871년 27세의 나이에 학위도 얻지 못하고 빚만 잔뜩 짊어진 채 귀국한다. 귀국 후 정착하지 못한 채 닥치는 대로 옮겨 다니면서 이 일 저 일 하다가 안티오크 대학에서 영문학, 불어, 독어, 철학 등을 가르치는 강사가 된다. 1874년 분트의 『생리심리학 원리 Grundzüge der physiologischen psycologie』라는 책을 읽고 새로운 과학적 심리학에 큰 관심을 가지게 되어, 1876년 안티오크 대학 강사직을 사임하고 하버드 대학의 영어 강사가 된다.

홀은 단조롭고 시간만 축내는 대학 2학년 학생들을 위한 영어 강사직 일에 싫증을 느껴 제임스 교수 밑에서 심리학을 연구하는 학생이 된다. 1878년 「공간에서의 근육지각The muscular perception of space」이라는 제목의 논문으로 박사 학위를 받게 되는데, 이것이 미국 최초의 심리학 박사 학위 논문이다. 박사 학위를 계기로 그는 윌리엄 제임스와 매우 가까워졌다. 제임스와의 나이는 불과 두 살밖에 차이가 나지 않았지만 살아온 배경과 기질은 너무나 달랐다.

홀은 박사 학위를 받고 난 후 바로 유럽으로 떠나 처음에는 베를린 대학에서 심리학을 연구했고 곧 라이프치히 대학으로 가 분트의 첫 미국인 제자가 된다. 그는 분트의 강의나 실험실 작업에 참석하면서도 자기 자신의 과제 연구에 몰입함으로써 분트 실험실의 전통적 연구에는 영향을 덜 받았다. 그는 1880년 어떤 직장도 보장받지 못한 채 미국으로 되돌아온다. 그러나 이렇게 별 볼 일 없었던 처지에서 불과 10년 만에 홀에게는 엄청난 변화가 일어난다.

첫 번째 변화는 하버드 대학 총장으로부터 학생들에게 교육상 도움이 될 만한 일련의 강의를 들려주는 유명한 토론 강좌에 강사로 초청받게 된 것이다. 강좌를 맡게 된 홀은 대중적 인기와 호감을 얻게 되고 그 결과로 존스홉킨스 대학에 강사로 초빙받게 된다.

존스홉킨스에서도 그의 강좌는 큰 인기를 끌어 1884년 드디어 교수가 된다. 교수가 되기 전 강사로 있던 1883년 홀은 존스홉킨스에서 심리학 실험실을 개설했는데, 이것이 미국 최초의 심리학 실험실로 간주된다. 여기서 그는 커텔, 듀이 등 기라성 같은 제자들을 가르쳤다. 1887년에는 미국 최초의 심리학 학술지『미국 심리학회지American Journal of Psychology』를 직접 출간했는데, 너무나 의욕에 넘쳐 초판의 발행 부수를 너무 많이 찍어 낸 나머지 빚을 갚는 데만 5년이 걸렸다.

1888년 홀은 클라크 대학의 제1대 총장 초빙을 수락한다. 그는

클라크 대학을 존스홉킨스 대학처럼 강의보다는 연구에 중점을
두는 대학원 중심 대학으로 만들길 원했다. 그러나 불행히도 대학
의 설립자인 백만장자 클라크와 의견이 맞지 않았다. 1900년 설
립자가 사망한 후에는 기금이 학부 학생 교육용으로만 쓰여 그의
대학원 중심 대학이라는 연구 지향의 대학에 대한 꿈은 깨지고 말
았다.

　홀은 총장직을 수행하면서도 대학원 학생들에게 심리학을 강
의했다. 1891년 그는 『발생심리학회지Journal of Genetic Psychology』
라는 또 다른 심리학 학술지를 발간하여 아동 발달과 교육심리 관
련 논문을 주로 실었다.

홀의 주도하에 설립된 미국심리학회는 세
계 최대 학회 중 하나가 되었다.

　　　　　　　1892년에는 홀의 주도하
에 미국심리학회American
Psychological Association: APA가
설립되었고 그가 초대 회장으
로 당선된다. 10여 명의 창립
회원이 만든 미국심리학회
APA는 100년 만에 회원 수가 10만 명이 넘는 세계 최대 학회의 하
나가 된다.

　한때 유니언 신학대학원에서 신학을 공부한 탓에 그는 종교와
심리학 간의 관계에 대해서도 관심을 가졌다. 1904년에 『종교심
리학회지Journal of Religious Psychology』를 발간했는데 10여 년 지
속되다 폐간되었다. 1917년에는 단행본 『심리학의 입장에서 본

예수 그리스도Jesus the christ in the light of psychology』를 출간했다. 1915년 미국심리학회 학술지 16번인 『응용심리학회지Journal of Applied Psychology』도 출간한다.

  홀이 클라크 대학에 36년을 재직하는 동안 81명의 심리학 박사 학위자를 배출했는데, 그중 가장 잘 알려진 사람은 심리검사와 개인차 분야에서 두드러졌던 루이스 터먼 Lewis Terman이었다. 한때 중요한 미국 심리학자의 대부분이 홀이 존스홉킨스와 클라크에서 지도한 제자들이라는 말도 있었다. 사실 홀의 박사 학위 제자 가운데 3분의 1이 그가 걸어온 것처럼 각 분야에 걸쳐 지도자로서 활동했다.

홀은 클라크 대학 설립 20주년을 축하하기 위한 일련의 행사에 지그문트 프로이트와 카를 융을 초청하였다.
(첫째 줄 왼쪽부터 프로이트, 홀, 융)

  홀은 미국 심리학자들 가운데 처음으로 정신분석학에 대해서도 관심을 가졌다. 그는 클라크 대학 설립 20주년을 축하하기 위한 일련의 행사에 지그문트 프로이트와 카를 융을 초청하였다. 프로이트는 일생 미국을 딱 한 번 방문하였는데 그것이 바로 이때였다. 홀의 프로이트 초청은 매우 의미가 컸다. 당시 미국 심리학자들이 정신분석학에 대해 가졌던 편견을 불식하는 데 일조하였기 때문이다.

홀은 1920년 클라크 대학에서 은퇴한 후에도 저작 활동을 계속하다가 1924년 80세의 나이에 제2대 미국심리학회 회장으로 재임된 후 몇 개월 지나 영면하였다.

홀의 업적이 심리학에 미친 영향

한평생 한 가지 분야에 매달려 한길로만 간 분트와 같은 독일 심리학자와는 달리 홀은 제임스처럼 많은 분야에 관심을 보였다. 홀의 기본 생각은 마음이 정상적으로 성장하기 위해선 일련의 진화적 단계를 거쳐야 한다는 것이다. 다시 말해, 홀은 진화론을 다양한 분야에 걸쳐 참조 틀로 사용했던 것이다.

전반적으로 홀은 실험심리학보다는 교육심리학 쪽에 더 많이 기여하였다. 단지 젊은 시절 생리학적 심리학에 관심을 가졌지만 그 후 자신이 하고 싶은 방향으로 자유롭게 옮겨 갔다. 그의 진정한 바람과 목표는 실험실에 갇혀 한 과제만 깊이 파고드는 연구가 아니었던 것이다.

홀은 인간과 동물의 적응과 발달에도 관심을 가졌기 때문에 발생심리학자로 간주되기도 한다. 홀은 클라크 대학에서 아동기, 청년기, 장년기의 심리학을 열정적으로 연구한 적도 있다. 아동기 특성을 연구할 때는 독일에서 배운 질문지법을 활용하였는데, 어떤 연구에서는 질문 문항이 자그마치 194개나 될 정도였다.

홀의 아동 연구는 대중적 관심을 크게 부추겨 아동연구 운동을 자극하였다. 그의 질문지 기법은 아동 연구에서 경험적 방법론이 도입되고 심리적 발달이란 개념이 정립되는 데 큰 역할을 했다.

홀의 가장 중요한 업적은 1300여 쪽에 달하는 두 권의 『청년기: 청년기의 심리학, 생리학, 인류학, 사회학, 성, 범죄, 종교 그리고 교육Adolescence: Its psychology, and its relation to physiology, anthropology, sociology, sex, crime, religion, and education』이라는 책을 1904년에 출판한 것이다. 청년기에 대한 백과사전격인 이 책은 홀의 발달이론을 잘 요약·정리해 놓은 것으로 크게 명성을 얻게 된다. 이 책은 아동심리학자와 교육학자들에게 좋은 참고 자료가 되었고 초판이 발간된 후 20년 동안 여러 판을 찍었다.

홀이 78세로 노인이 되었을 때는 『노년기Senescence』라는 두 권의 책을 썼고, 사망하기 1년 전인 1923년에는 자서전인 『한 심리학자의 삶과 고백The life and compessions a psychologist』이라는 책도 썼다.

홀은 '마음의 다윈'이라고도 불린다. 그는 다재다능하고, 명쾌하고, 끝없는 정열의 소유자이며, 자극적이고, 감상적인 사람이었다. 그는 자신의 회고록에서 자신의 인생이 온통 강하게, 약하게, 오래 지속되었다가 금방 없어졌다 하는 변덕과 광기의 인생이었다고 고백했다.

제임스 커텔

James McKeen Cattell: 1860~1944

제임스 커텔은 초창기 미국 심리학자 가운데 가장 기능주의적 정신을 잘 실천해 보인 사람이다. 그는 정신적 과정의 연구를 위해 실제적이고 검사 지향적인 방법을 사용하도록 하는 운동을 주도하였다. 그의 심리학은 의식의 내용보다 인간의 적응 능력에 주된 관심을 가진 것이었다.

커텔의 생애

제임스 커텔은 1860년 펜실베이니아 주의 이스턴이라는 마을에서 태어났고 1880년 아버지가 학장으로 있던 라파엘 대학을 졸업했다. 당시의 전통에 따라 대학원 과정을 공부하기 위해 유럽으로 유학을 갔다. 처음에는 독일의 괴팅겐 대학으로 갔다.

1882년 한 편의 논문을 발표했는데, 이 논문으로 존스홉킨스 대학의 연구원이 되었다. 당시 그의 주된 관심은 철학이었으며 존스홉킨스에는 아직 심리학 강좌가 개설되지 않았다. 한 학기가 지나 스탠리 홀이 부임하면서 심리학 강좌가 처음 개설되었고 이 강좌에 커텔은 존 듀이와 함께 수강하게 되었다.

1883년 커텔은 라이프치히 대학의 분트 연구실로 유학을 간다. 그는 당돌하게도 분트에게 찾아가 다짜고짜 용감하게 "교수님, 연구 조원이 필요하지 않으세요? 제가 그 일을 했으면 하는데요."라고 말했고, 분트는 그에게 반응 시간의 개인차를 연구하는 과제를 주었다.

이때 커텔이 분트에게 타이프라이터를 선물로 가지고 갔는데, 분트는 이 타이프라이터를 가지고 대부분의 책을 썼다고 한다. 만약 커텔이 분트에게 타이프라이터를 선물하지 않았다면 분트의 작업은 반으로 줄어들었을 것이라는 이야기가 전해지기도 한다. 분트가 엄청난 작업을 할 수 있도록 도왔으니 이로써도 커텔은 심리학에 기여한 셈이다. 커텔은 자신이 분트 연구실에서 요구하는 내성법을 익히기에는 적절하지 못하다는 것을 알고 자신의 방에서 독립적으로 연구를 수행했다고 한다. 커텔은 개인차 연구를 위해 개인의 반응 시간을 주로 연구했는데, 이 연구가 다양한 정신 작용의 연구나 개인차를 밝히는 데 아주 유용하게 활용될 수 있다고 믿었다. 커텔이 라이프치히에 머무는 3년 동안 반응 시간에 관한 여러 가지 뛰어난 연구를 했고 이 연구들의 결과가 몇 편의 논문으로도 발표되었다.

1886년 라이프치히에서 박사 학위를 취득한 후 미국으로 돌아와 펜실베이니아 대학에서 심리학을 강의하고 영국 케임브리지 대학의 강사가 되었다. 이때 프랜시스 골턴을 만났는데, 두 사람은 개인차에 대한 관심과 견해가 유사하였다. 골턴의 명성과 식견은 커텔의 학문적 시야와 지평을 넓히는 데 큰 역할을 했다. 커텔은 골턴의 다재다능함을 부러워했고, 개인차의 양적 측정과 통계적 적용을 강조하는 데 깊은 인상을 받았다. 이런 영향의 결과로 커텔은 미국 심리학자들 가운데 처음으로 수량화, 순위화, 등급화 등과 여러 종류의 통계적 방법을 심리학 연구에 활용해야 한다고 강조하게 되었고, 실제로 그가 개설한 강좌를 통해 통계학적 방법을 강의했다.

커텔은 골턴의 우생학에도 영향을 받았다. 그는 정신박약자나 범죄자는 자식을 못 낳게 거세해야 한다고 주장하기도 했고, 반면 영민하거나 건강한 사람들끼리는 서로 결혼을 장려하여 우수한 후손을 얻도록 혜택을 많이 주어야 한다고 했다. 그는 자신의 일곱이나 되는 자녀들에게 1,000달러씩 주어 대학교수의 아들이나 딸과 결혼하도록 했다.

1888년 커텔은 펜실베이니아 대학 심리학 교수로 임명된다. 커텔이 심리학 교수로 임용된 것은 세계 역사상 처음이기 때문에 심리학의 역사에 중요한 의미를 갖는다. 왜냐하면 이것은 심리학이 처음 공식적으로 독립적인 학문으로 인정받았다는 것을 뜻하기 때문이다. 과거 분트나 제임스 같은 심리학자는 생리학 교수 또는 철학 교수로 임용되었다. 커텔은 1891년 컬럼비아 대학 심리학 주임교수로 옮겨 가 그곳에서 26년간 재직한다.

그는 홀이 만든 『미국 심리학회지』에 불만을 느끼고 1894년 『심리학 평론Psychological Review』이라는 심리학 학회지를 출간한다. 또한 같은 해 알렉산더 그레이엄 벨Alexander Graham Bell이 처음 출간한 후 자금난에 허덕이던 과학 주간지 『사이언스Science』를 인수하게 된다. 『사이언스』는 5년 후 미국과학진흥협회American Association for the Advancement of Science의 공식 잡지가 되었고 오늘날까지 세계에서 가장 영향력 있고 권위 있는 과학 잡지로 군림하고 있다. 이 잡지에는 심리학 논문이 발표되는 공간이 있는데, 이를 통해 심리학이 어엿한 독립된 과학으로 인정받는 데 커텔의 공이 컸음을 알 수 있다.

SCIENCE

AN ILLUSTRATED JOURNAL

PUBLISHED WEEKLY

VOLUME I

FEBRUARY—JUNE 1883

CAMBRIDGE MASS.
THE SCIENCE COMPANY
MOSES KING PUBLISHER
1883

커텔은 오늘날까지 세계에서 가장 영향력 있고 권위 있는 과학 잡지인 『사이언스』를 인수하게 된다. 이 잡지에는 심리학 논문이 발표되는 공간이 있는데, 이를 통해 심리학이 어엿한 독립과학으로 인정받는 데 커텔의 공이 컸음을 알 수 있다.

컬럼비아 대학에 재직하고 있는 동안 커텔은 미국에 있는 어떤 대학보다 더 많은 수의 박사 학위자를 배출한다. 그는 학생들에게 독립된 연구를 강조하고 자유롭게 연구할 수 있도록 용기를 주었다. 그는 교수란 대학 당국과 학생으로부터 독립적이어야 한다고 생각하고 대학에서 40마일이나 떨어진 시골에 거주했다. 시골집에 편집실과 실험실을 마련하여 그곳에서 주로 일하면서 일주일에 특정한 하루만 대학에 나갔다. 이렇게 함으로써 방문객의 방해로부터 보호받을 수 있었다.

커텔은 대학의 중요한 일들은 교수들이 적극적으로 참여하여 교수들의 주도하에 만들어지고 결정되어야 하지, 대학 당국자들이 주도해서는 안 된다는 주장을 강력하게 해 왔다. 이런 주장을 펴기 위해 미국 대학 교수협의회를 만드는 데 앞장섰다.

커텔은 대학 당국과 갈등이 잦아 같이하기 힘든 사람difficult man to get along with 취급을 받았다. 그래서 1910년에서 1917년 사이 재단이사회에서도 세 차례나 그의 교수직 박탈을 고려한 바 있었는데 1917년 커텔이 제1차 세계대전 참전 거부 서한을 의회에 보낸 사건을 빌미로 하여 그를 강제 해임시킨다. 이에 커텔은 대학 당국에 소송을 제기하고 승소하여 4만 달러란 거금을 보상받았지만 교수직으로 복직하지는 않았다.

그 후 커텔은 어느 대학으로도 가지 않고 오직 미국과학진흥협회 일과 『사이언스』 등의 학술지 편집에만 몰두하였다. 1921년 그는 심리학의 응용이라는 그의 오래된 야망을 실현하게 된다.

제임스 커텔 _ 97

즉, 미국심리학회 회원을 주주로 하는 심리학 회사Psychological Corporation라는 영리회사를 만들어 회사와 공공단체에 심리학적 전문 지식의 서비스를 제공하게 되는데, 그 후 이 회사는 엄청나게 성장하여 오늘날에는 세계적인 대기업이 되었다.

커텔은 1944년 사망할 때까지 심리학의 대변인이자 학술지의 편집인으로서 왕성하게 활동했다. 그는 미국 심리학의 위상을 급속히 성장시키는 데 크게 기여한 장본인이다. 28세에 세계 최초의 심리학 교수, 31세에 컬럼비아 대학 학과장, 35세에 미국심리학회 회장을 역임하고 40세에 미국과학아카데미 회원으로 당선되는 등, 그의 이력은 참으로 찬란하다.

커텔의 업적이 심리학에 미친 영향

1914년 커텔의 제자들이 모여 그의 업적을 총정리하였다. 커텔의 연구 업적은 먼저 반응 시간 연구와 개인차 연구였고, 다음으로 지각, 연상, 정신물리학, 연구 방법론 등에 관한 공헌이었다. 심리학사에서는 커텔의 가장 두드러진 업적으로 개인차 연구와 정신능력 검사를 들고 있다.

커텔이 컬럼비아 대학 심리학 주임교수로 자리를 옮길 무렵, 그는 개인차와 정신능력 검사에 혼신의 노력을 기울이고 있었다. 그는 인간 능력의 범위와 다양성을 측정하기 위해 다양한 종류의

정신능력 검사를 사용했다. 커텔의 정신능력 검사는 골턴의 정신
능력 검사와 같이 일차적으로는 신체 능력과 감각-운동 능력 검
사를 다루었다. 이 검사에는 악력(손아귀의 힘), 운동률(얼마나 빨
리 손을 50센티미터 옮기는가), 감각(두 점의 최소 역치), 통증을 야
기하는 압력(앞이마에 얼마나 강한 압력을 가해야 통증을 느끼기 시
작할까), 두 무게 간의 차이를 처음 느끼게 하는 감각(두 무게 간의
차이가 어느 정도여야 그 차이를 느끼기 시작할까), 소리에 대한 반
응 시간, 색깔 제시에 따라 이름 붙이는 데 걸리는 시간, 50센티
미터 길이의 선분을 양분하기, 10초 길이의 시간을 판단하기, 한
번 제시할 때 기억할 수 있는 문자의 수와 같은 것들이 포함되어
있다.

　커텔은 심리학의 조정자, 집행자, 관리자 또는 대변인 역할을
하는 데 열정을 바쳤다. 그래서 그를 두고 심리학의 학문적 대사,
강연자, 학술지 편집인, 심리학 응용의 주동자라고 부르기도 한다.

기능주의
심리학의 전개

05

기능주의의 출발을 선언하다 / **존 듀이**

기능주의 운동을 실천으로 옮기다 / **제임스 에인절**

기능주의 학파를 정상으로 이끌다 / **하비 카**

과학적 심리학의 형성에 기여하다 / **로버트 우드워스**

기능주의는 의식의 '구조'가 아닌 의식의 '작용'과 '기능'에 주목한다. 그러므로 기능주의는 유기체가 자신이 직면한 환경에 적응하기 위해 시도하는 정신 과정의 실용성에 중점을 둔다. 이때 정신 과정이란 실제적인 결과를 유도하는 각종 활동으로 간주된다. 기능주의는 과학기술을 실생활 문제의 해결에 응용하는 데 관심을 둔다. 이런 응용적 생각은 분트나 티치너의 심리학에서는 감히 생각할 수 없었던 것이므로 전혀 새로운 차원의 심리학 운동이라 할 수 있다.

앞 장에서 본 것처럼 제임스, 홀 그리고 커텔의 심리학 연구실에서는 심리학 지식을 실생활 장면에 응용하는 데 관심을 보였다. 이는 다윈이나 골턴과 같은 진화론자들의 생각으로부터 큰 영향을 받은 것이다. 그러나 그들은 기능주의라는 공식적인 심리학파까지는 만들지 않았고 단지 기능주의적 분위기만을 고취했을 뿐이다.

그런데 기능주의란 이름은 분트의 제자로 미국으로 건너와 구성주의 심리학을 이끌고 있던 코넬 대학의 티치너가 1898년에 쓴 「구성주의 심리학의 공식The postulates of a structural psychology」이라는 논문에서 비롯되었다. 티치너는 구성주의 심리학의 반대 진영에 있는 심리학을 일컬어 '기능적functional' 심리학이라 부르고 구성주의 심리학만이 유일한 심리학의 영역이라는 점을 강조했다. 따라서 기능주의란 이름은 역설적이게도 구성주의자 티치너가 명명한 것이다.

시카고 학파

1894년 존 듀이와 제임스 에인절이 시카고 대학 교수로 함께 부임하면서 이 대학이 기능주의 심리학을 끌고 가는 중심 캠프 역할을 맡는다. 다음 장에서는 기능주의 캠프를 끌고 간 듀이와 에인절을 먼저 살펴본다.

컬럼비아 학파

우리는 앞에서 제임스 커텔이 컬럼비아 대학으로 옮겨 가 26년을 머물면서 기능주의적 분위기를 진작했다는 것을 살펴보았다. 당시 커텔의 제자 중 하나였던 우드워스는 컬럼비아에서 커텔이 이룩한 기능주의 운동을 더욱 발전시키는 데 큰 역할을 했으며, 우드워스를 포함한 심리학자들을 일컬어 컬럼비아 학파라 부른다.

존 듀이
John Dewey: 1859~1952

　　기능주의functionalism에서는 존 듀이가 1896년 『심리학 평론
Psychological Review』에 쓴 한 편의 논문을 기능주의 심리학의 공식
적 기원으로 간주한다. 듀이는 기능주의 학파의 사상 전개에 큰 역
할을 했지만 심리학에 기여한 기간은 매우 짧고 대부분의 기간을
교육 운동에 헌신했으므로 교육학자로 더 유명하다.

　　듀이는 1859년 버몬트 주의 버링턴에서 태어났다. 듀이의 유
년 시절이나 소년 시절에 대해서는 알려진 것이 거의 없을 정도로
평범했다. 1879년 20세의 나이로 버몬트
대학에 입학하여 대학을 졸업하고 몇 년
간 고등학교에서 스스로 편찬한 철학
책으로 학생들을 가르쳤다. 그 후 존
스홉킨스 대학원으로 가 철학을 전공
하여 1884년 박사 학위를 받는다. 학
위 취득 후에는 2년간 미시간 대학과 미
네소타 대학 강사로 강의를 했다. 1886년

미국 역사상 최초의 심리학 교과서를 저술했는데, 이 책은 1890년
제임스의 『심리학의 원리The principles of psychology』가 나올 때까
지 4년간 폭발적인 인기가 있었다.

　듀이는 1894년 시카고 대학의 교수로 초빙받은 후 10년간 머
물면서 기능주의 운동을 펼쳐 나간다. 그는 실험학교 운동이라는
교육의 급진적 혁신 운동을 전개하는데, 이 운동이 바로 현대 진
보교육 운동modern progressive education movement의 토대가 된다.
이 운동으로 그는 더욱 유명해졌고 뜨거운 논쟁의 중심에 서게
되었다. 뉴욕의 컬럼비아 대학으로 옮겨 가서는 1904년부터
1930년까지 심리학을 교육 또는 철학적 문제의 해결에 응용하는
데 총력을 쏟았다.

　듀이는 1896년 『심리학 평론』에 실은 「심리학에서의 반사궁
개념The reflex arc concept in psychology」이란 논문에서 기능주의라

존 듀이의 진보주의
교육이 이루어졌던 현장

는 새로운 운동이 출발했음을 선언했다. 이 중요한 논문이 듀이가 심리학에 기여한 최초이자 마지막 논문이며 또한 유일한 업적이다. 그는 반사에 관여하는 행동을 반사궁이라는 기본적인 감각-운동 요소 단위로 환원해 버리면 그 의미가 상실되고 만다고 경고했다. 행동을 이런 방식의 인위적 형태로 분석하거나 환원하면 행동에 포함되어 있는 의미가 상실되어 버리고, 분석한 사람의 마음속에는 오직 분석되어진 요소만이 남게 된다는 것이다. 듀이는 행동을 인위적으로 분석된 요소로 다루어서는 안 되고, 유기체가 환경에 적응해 가는 것의 의미로 보아야 한다고 주장했다. 즉, 심리학의 적절한 연구 주제는 환경 속에서 유기체가 보여 주는 전체적인 기능이 되어야 한다는 것이다.

듀이는 진화론에 크게 영향을 받았으며, 그의 철학은 사회의 변화라는 관점에 초점을 두고 있다. 그는 정지된 상태로 머문다는 입장에 반대했으며, 현실에 직면하여 지적 노력을 통해 점진적으로 성취해 나가야 한다는 입장에 찬성했다.

듀이가 심리학에 미친 영향은 의식을 요소적인 구성체로 보려는 구성주의적 사고에서 벗어나 의식을 기능적 · 적응적 의미로 보아야 한다고 생각한 것이다. 듀이는 1904년 컬럼비아 대학으로 옮겨 오면서 그가 시카고 대학에서 일으킨 기능주의 운동을 후임자인 제임스 에인절에게 넘겼다.

제임스 에인절

James Rowland Angell: 1869~1949

제임스 에인절은 기능주의 운동을 실천에 옮긴 지도자이며, 듀이와 함께 시카고 대학 심리학과의 창설자이기도 하다.

에인절은 버몬트의 학자 집안에서 태어났다. 조부가 로드아일랜드 주에 있는 명문 브라운 대학의 총장을 역임했고, 아버지는 버몬트 대학과 미시간 대학의 총장을 역임했다. 에인절은 미시간 대학에서 학부를 마쳤는데, 그때 강사로 있던 듀이에게서 심리학을 수강했다. 에인절은 윌리엄 제임스의 『심리학의 원리The principles of psychology』를 읽고 나서 자기가 읽었던 어떤 책보다 더 많은 감명을 받았다고 했다. 그래서 하버드 대학으로 가 제임스 밑에서 1년간 공부하고 1892년 석사 학위를 받았다.

에인절은 박사 학위를 받기 위해 독일의 베를린 대학으로 유학을 갔다. 베를린 대학에서 그는 당시 유명한 심리학

자 에빙하우스Hermann Ebbinghaus와 생리학자 헬름홀츠의 강의를
들었다 그는 라이프치히 대학으로의 진학을 희망했으나 분트가
그 해는 더 이상 학생을 받지 않겠다고 선언해서 박사 학위 과정
을 수학할 수가 없었다. 그는 베를린에 1년 더 머물면서 학위논문
을 더 나은 독일어로 다시 고쳐 쓴다는 조건으로 잠정적으로 수용
되었지만 특별한 수입도 없이 더 이상 베를린에 머물 수가 없었
다. 그때 마침 월급은 적었지만 미네소타 대학에서 일자리 제안을
해 왔고, 별다른 것도 하지 않고 1년을 머무는 것보다는 좋을 것
같아 학위를 받지 않은 상태에서 미국으로 돌아온다. 에인절은 비
록 박사 학위는 없었지만 수많은 제자를 길렀고 스물세 개의 명예
학위를 받았다.

미네소타 대학에서 1년간 머문 에인절은 시카고 대학으로 옮
겨 가 25년간을 재직한다. 그 후 에인절은 예일 대학의 총장이 되
고 유명한 인간관계연구소의 설립을 지원한다. 1906년에는 미국
심리학회의 제15대 회장이 되고, 학계에서 은퇴한 후에는 미국의
국영 방송국인 NBC의 이사가 된다.

에인절을 쾌활하고 활기찬 사람이라고 보도한 『타임Time』지
의 인물평과 시카고 대학에 있을 때 '명랑한 제임스'로 불린 것으
로 미루어 보건대, 그는 유쾌하고 활기찬 기품을 지닌 낙천주의자
였던 것으로 보인다.

1904년에 그는 기능주의자의 입장에서 쓴 『심리학Psychology』
을 출판한다. 이 책은 대단히 인기가 있어 1908년까지 4판을 찍었

다. 이는 기능주의 심리학이 당시의 시대정신에 잘 부합되었다는 증거다. 그는 이 책에서 의식의 기능은 유기체의 적응 능력을 높이는 것이라고 언급했다. 에인절은 기능주의 정신이 널리 확산되었을 때 미국심리학회의 회장으로 취임하였고, 기능주의 운동을 기업과 학교로 확산시켜 효율성을 높여야 한다고 역설했다. 기능주의 운동은 시카고 대학에 기반을 두고 전개되었으므로, 이 운동을 주도한 심리학자들을 일컬어 시카고 학파라 부르기도 한다.

하비 카

Harvey Carr: 1873~1954

하비 카는 인디애나 주에 있는 디포 대학과 콜로라도 대학에서 수학을 전공한 수학도였다. 친구가 없어 외로워했던 카는 콜로라도 대학의 한 심리학 교수의 권유를 받고 심리학으로 전공을 바꾸었다. 콜로라도 대학에는 실험실이 없었기 때문에 그는 시카고 대학 대학원에서 실험심리학 강좌를 들었는데, 그때 그 강의를 한 사람이 에인절이었다. 에인절 교수는 카에게 엄청난 영향을 미쳤고, 다음 학기부터 카는 심리학 실험실의 잡역부로 일하게 되었다. 카는 당시 강사였던 존 왓슨과도 같이 일했다. 카에게 동물심리학을 소개해 준 사람이 바로 왓슨이다.

카는 1905년 시카고 대학에서 박사 학위를 받고 어려운 시간을 보낸다. 처음에는 텍사스에 있는 고등학교에 교사로 있다가 다음에는 미시간 주에 있는 주립 사범학교로 옮겨 간다. 1908년

존스홉킨스 대학으로 옮겨 간 왓슨의 후임으로 시카고 대학 조교
수로 임명된다. 그 후 카는 예일대 총장으로 옮겨 간 에인절을 이어
심리학과 학과장이 되어 에인절이 이룩한 기능주의를 계승하고 발
전시킨다. 1919년에서 1938년까지 20여 년을 시카고 대학 심리학
과장으로 재임하는 동안, 카는 150명의 박사 학위자를 배출하였다.

카의 지휘하에 시카고 대학의 기능주의는 공식적인 심리학의
한 학파로서 정상에 이른다. 카는 기능주의 심리학이 바로 미국
심리학이라는 입장을 취했다. 당시 시카고 대학에서 행한 심리학
연구가 미국 심리학을 대표한다고 할 수 있었기 때문이다.

카는 1925년에 펴낸 저서 『심리학Psychology』에서 심리학은 두
가지 중요 문제를 고려해야 한다고 주장했다. 첫째, 심리학의 연
구 주제로 기억, 지각, 감정, 상상, 판단, 의지와 같은 정신 활동
과정을 고려해야 한다고 했다. 둘째, 정신 활동의 기능이란 경험
을 획득하고, 고정하고, 간직하고, 조직하고, 평가하는 것이므로
행동을 결정할 때 경험의 활용을 고려해야 한다고 했다.

시카고 학파의 기능주의는 마음 또는 의식과 같은 주관적인
내용의 내면적 연구로부터 외현적인 행동과 같은 객관적인 것으
로 연구의 대상을 바꾸었다. 실제로 시카고 대학에서는 내성법에
의한 연구가 없었다. 이처럼 기능주의는 미국 심리학을 구성주의
로부터 정반대 방향으로 바꾸어 놓았다. 그리하여 기능주의는 마
음의 연구 대상을 의식에서 행동으로 바꾸는, 다시 말해 구성주의
에서 행동주의로 넘어가도록 하는 교량 역할을 한 것이다.

로버트 우드워스

Robert Woodworth: 1869~1962

로버트 우드워스는 시카고 대학의 에인절이나 카와 같은 공식적인 기능주의자로는 분류되지 않는다. 그리고 우드워스 자신도 특정 학파에 소속되길 원치 않았다. 그럼에도 우드워스가 쓴 심리학에 관한 책이나 논문이 시카고의 기능주의 학파와 유사한 점이 많기에 그를 기능주의자라고 부르며, 그가 컬럼비아 대학의 심리학을 주도했다는 점에서 그의 제자들까지 포함해 컬럼비아 학파라고 부른다.

우드워스가 연구자로서, 존경받는 교수로서, 저술가로서 또는 학술지의 편집자로서 심리학 분야에서 활동한 기간은 70년에 이른다. 우드워스는 매사추세츠에 있는 애머스트 대학에서 학사학위를 받고 난 후, 2년간 고등학교에서 과학을 가르쳤고 그 후 2년간은 시골 대학에서 수학을 가르쳤다. 그러던 중 스탠리 홀의 강연과 윌리엄 제임스의 『심리학의 원리』가 계기가 되어 심리학자가 되어야겠다는 결심을 하게 된다. 우드워스는 하버드 대학으로 가서 석사 학위를 받은 후 1899년 컬럼비아로 옮겨 가 제임스 커텔의 지도로 박사 학위를 받는다. 그 후 3년간 뉴욕 시 병원에서 생리학을 가르치고 노벨 생리학을 수상한 영국의 저명한 신경생리학자 찰스 스콧 셰링톤Chartes Scott Sherrington 경 밑에서 1년간 중추신경생리학을 연구한다.

1903년 컬럼비아로 되돌아와 1945년까지 42년간 몸담은 후 일시 퇴임했다가 다시 복직하여 1958년, 그의 나이 89세에 강단에서 완전히 물러나게 되었다. 컬럼비아에 복직한 후에는 대형 강의만 주로 했는데, 그의 강의는 너무나 인기가 있어 수많은 학생이 몰려들었다.

우드워스의 제자로 그의 강의를 들었던 저명한 심리학자 가드너 머피Gardner Murphy 교수의 회고록에는 다음과 같이 적혀 있었다.

우드워스는 내가 컬럼비아에서 만난 교수들 중 가장 훌륭한 선생이었다. 그는 강의실에 올 때 다림질하지 않은 헐렁하고도 낡은 셔츠에 군화를 신고 나타났다. 강의 도중 칠판 쪽으로 걸어가면서 지금 당장 자네들 머릿속에 떠오르는 단어 10여 개를 노트에 적어 보라고 했다.

우드워스는 심리학에 관한 그의 견해를 몇 편의 학술지 논문으로 발표했고, 1918년의 『역동심리학Dynamic psychology』과 1958년의 『행동의 역동Dynamic of behaviors』에서도 피력한 바 있다. 그는 1921년 입문서인 『심리학Psychology』을 저술했는데, 대중적인 인기를 얻어 25년간 5판을 찍었다. 1938년에는 『실험심리학Experimental psychology』을 출간했는데, 이 책은 이 분야의 고전으로 자리 잡고 있다. 또 1931년에 초판을 낸 이후 1948년, 이어서 1964년에 개정판을 낸 『현대 심리학의 학파Contemporary schools of psychology』가 있는데, 필자 역시 대학 재학 시절 이 책으로 강독했던 기억이 난다.

우드워스는 자신의 심리학이 결코 새로운 것이 아니며, 과학 이전 시대의 심리학자들의 견해를 이어 가는 것뿐이라고 했다. 심리학적 지식이란 자극과 반응의 성질을 탐구하는 데서부터 시작해야 한다는 것이다. 그러나 심리학이 행동을 설명하기 위한 시도로서 자극과 반응만을 염두에 둔다면 가장 중요한 요소, 즉 살아 있는 유기체를 놓쳐 버릴 수 있다고 경고했다.

1956년 우드워스는 과학적 심리학의 형성에 기여한 공로와 심리학 지식의 통합 및 조정에 바친 탁월한 공로를 인정받아 미국 심리학 재단이 주는 첫 번째 금메달을 수상했다.

기능주의가 심리학에 미친 영향

기능주의 심리학은 20세기 초반부터 미국 심리학의 주류가 되었다고 볼 수 있다. 기능주의 심리학자들이 구성주의 심리학을 반대한 것은 심리학의 전반적 발전에 큰 역할을 했다. 의식의 구조 연구로부터 의식의 기능 연구로 강조점이 옮겨진 것은 대단히 의미 있는 결과를 낳게 되었다. 그 중 가장 큰 변화로는 동물행동에 대한 연구가 왕성하게 이루어졌다는 것이다. 이것은 구성주의 심리학에서는 중요하지 않았던 부분이다. 독일 심리학에서는 동물심리학의 발전이 미비했던 것에 반해 미국 심리학에서 동물심리학과 비교심리학이 두드러지게 발전한 이유가 여기에 있다.

기능주의자들은 아동 연구, 정신지체, 정신장애 등의 문제를 다루었고, 내성법과 함께 생리학적 반응 연구, 정신검사, 질문지 기법, 행동의 객관적 기술법과 같은 자료수집 방법을 사용해야 한다고 강조했다. 이러한 방법들도 구성주의자들이 사용하지 않았던 방법들이다.

1920년 분트의 사망 그리고 1927년 티치너의 사망 이후 미국 심리학에서 구성주의 심리학은 찾아볼 수가 없었고, 대부분이 실용적인 기능주의 입장에 서 있었다. 1930년대 이후 기능주의 입장은 더욱 강화되어 연구방법론을 강조하는 추세가 더욱 심화되었다. 그리고 오늘날까지 인간의 다양한 기능 또는 능력을 알아보는 각종 심리검사법의 개발과 적용은 모두 기능주의 심리학의 전통에 따른 것이다.

행동주의의
배경으로서
동물심리학

06

동물심리학의 발달에 중요한 업적을 남기다 / **에드워드 손다이크**

심리학의 역사에서 가장 유명한 연구를 남기다 / **이반 파블로프**

분트가 새로운 과학으로서의 심리학을 공식 등장시킨 후 40여
년이 지났을 무렵, 심리학에는 대변화가 일어난다. 비록 독일에서
는 분트식의 심리학이 여전히 세력을 유지하고 있었지만, 미국에
서는 기능주의란 새로운 학파가 등장하면서 티치너의 구성주의
심리학은 점차 쇠퇴되어 갔다. 이때쯤에는 내성법의 가치에 절대
적으로 동의하며 따르는 사람도 별로 없었고, 심리학이라는 학문
적 '순수성'만을 강조하고 따르려는 사람도 별로 없었다.

구성주의에서 기능주의로의 변화는 급격한 형태의 과격한 양
상이 아닌 점진적인 모습을 보였다. 기능주의자들은 분트나 티치
너를 비난하거나 공격하지 않았고, 구성주의를 약간씩 수정하여
천천히 변화시켜 나가면서 새로운 심리학이 자리를 잡도록 하는
데 앞장섰다.

그런데 1913년에 들어서면서 혁명적인 사건이 터진다. 이 사
건은 공개적인 반란이며, 급작스럽고, 충격적이며 어떤 형식의 타
협도 없는 전면적 변화를 야기하는 것이었다. 이 새로운 사건은
바로 행동주의behaviorism의 등장이었다. 이 새로운 패러다임의 심
리학은 존 왓슨에 의해 시작되었는데, 당시 왓슨은 시카고 대학에
서 에인절의 지도로 박사 학위를 받은 35세의 젊은 심리학자였다.

이 혁명은 왓슨이 『심리학 평론Psychological Reivew』이라는 학
술지에 한 편의 논문을 발표하면서부터 시작되었다. 그가 주장한
선언은 너무나 당당하고 충격적이었다. 그는 과거의 모든 심리학
적 질서는 잘못되었으므로 심리학이 앞으로 발전하기 위해서는

행동주의에 길을 내주지 않으면 안 된다고 주장했다. 심리학의 주류가 행동주의 쪽으로 바뀌는 데는 오랜 시간이 걸리지 않았다. 행동주의는 심리학만 바꾸어 놓은 것이 아니라 당시 미국 사회의 문화와 사회생활 전반을 바꾸는 데도 지대한 역할을 했다.

왓슨이 주장한 행동주의는 단순하고, 직접적이며, 노골적이고, 대담했다. 그는 심리학을 자극과 반응으로 기술될 수 있는 관찰 가능한 행동만을 다루어야 하는 행동의 과학a science of behavior 이라고 했다. 그는 인간의 심리를 연구하는 데도 실험적 절차와 동물심리학의 원리를 적용하길 바랐다.

객관적인 과학이 되기 위해 행동주의 심리학은 '상상' '마음' 또는 '의식'과 같은 유심론적 철학에서 기원한 모든 정신적 의미의 용어나 개념을 거부해야 하고, 의식 과정의 존재를 밝히려는 내성법의 적용은 타당하지 않다고 주장했다.

그런데 이런 객관적이고 관찰 가능한 것만을 연구 대상으로 삼아야 한다는 왓슨의 주장은 단지 그의 생각에 의한 돌발적인 것은 아니었다. 이런 객관주의의 등장은 앞서 언급했듯이 17세기 데카르트가 신체를 기계로 보려는 시도에서 처음 엿볼 수 있었고, 이어 콩트가 실증주의를 등장시키면서 실증적인 지식, 즉 모든 사실은 객관적으로 관찰 가능한 대상이어야 한다는 것을 강조한 것에서도 이러한 기류는 이미 형성되고 있었다. 이런 흐름으로 미루어 볼 때 내성법에 따른 주관적 경험을 주로 다루는 구성주의 심리학자들의 주장을 계속해서 받아들이기는 어려웠다는 것을 알

수 있다.

이 장에서는 당시 객관주의와 관찰 가능한 행동만을 강조한
동물심리학자들의 연구들을 중심으로 동물심리학이 행동주의의
등장에 미친 영향을 먼저 알아볼 것이다.

동물심리학이 행동주의에 미친 영향

왓슨은 "행동주의는 20세기 첫 10년 동안 동물 행동에 관한 연
구들로부터 직접 나온 것"이라고 단호하게 말했다. 왓슨의 이 견
해는 바로 하위급 단계의 유기체에게도 마음이란 것이 존재하며,
인간과 동물의 마음 간에는 서로 연속성이 있다는 진화론적 의미
를 함의하고 있는 것이다.

20세기가 시작된 이래로 생물학의 범주 안에서 동물 행동에
대한 연구가 엄청나게 쏟아져 나왔고 심리학에서도 『동물행동 학
회지Journal of Animal Behavior』가 출간되었다. 1909년에는 파블로
프의 조건화 연구가 왓슨의 행동주의 발생에 결정적인 역할을 하
게 된다.

이제 동물의 행동을 통해 학습 현상을 연구한 손다이크와 파
블로프의 생애와 업적을 살펴봄으로써 동물심리학자들이 행동주
의 등장에 기여한 공헌을 알아보자.

에드워드 손다이크

Edward Lee Thorndike: 1874~1949

에드워드 손다이크는 동물심리학의 발달에 가장 중요한 업적을 남긴 심리학자다. 그는 외현적 행동에 초점을 둔 객관적이고 기계론적인 학습이론을 최초로 개발한 학습심리학의 선구자다. 그는 심리학이 정신 요소라든지 의식의 경험 행동을 주로 연구해야 한다고 강조하였다.

손다이크는 학습의 여러 가지 법칙 가운데 효과의 법칙law of effect을 1898년에 발표했는데, 이것은 4년 후 파블로프가 발표한 강화의 법칙law of reinforcement과 극히 유사한 유명한 발견이다.

손다이크의 생애

손다이크는 웨슬리안 대학 재학 중 윌리엄 제임스의 『심리학의 원리The

principles of psychology』를 읽고 심리학에 관심을 갖게 되었다. 그 후 하버드 대학으로 가 제임스 교수 밑에서 심리학을 공부했는데, 이때 생물학자 콘웨이 모건Conway Lloyd Morgan 교수의 강의에 심취하여 동물 학습 연구를 시작하게 된다. 연구 초반, 손다이크는 책으로 벽을 쌓아 만든 미로상자에 병아리를 달리게 하는 실험을 실시했다. 이때 병아리를 키우고, 실험할 만한 장소가 없어 어려움을 겪었던 일화가 전해지는데 그 이야기는 다음과 같다.

> 손다이크는 하숙방에서 병아리를 길렀는데 이를 알아차린 하숙집 주인이 방 안에서 병아리를 기르지 못하게 해서 지도교수인 제임스 교수를 찾아가 도움을 요청했다. 이에 제임스 교수는 심리학 실험실 구석이나 박물관 창고의 구석에 병아리를 사육할 수 있는 장소가 있는지 물색해 보았으나 여의치 않아 결국 자신의 집 지하실에서 병아리를 키우도록 했다. 제임스 교수의 부인은 이를 싫어했지만 아이들은 병아리를 특별히 반겼다고 한다.

손다이크는 재학 중에 한 여인을 만났는데 문제가 생겨 끝내 하버드를 떠나야만 했다. 그는 컬럼비아 대학의 제임스 커텔 박사로부터 펠로우십을 받은 후, 두 마리의 잘 조련된 병아리를 데리고 뉴욕으로 간다. 컬럼비아에서 그는 병아리 외에도 고양이와 개를 갖고 스스로 고안한 문제상자puzzle box를 사용해 동물 실험을 계속한다. 1898년 「동물지능: 동물의 연상과정에 관한 실험연구 Animal intelligence: An experimental study of the associative processes in animal」라는 논문으로 박사 학위를 받는다. 학술지 『심리학 평론』에 게재된 동물을 피험자로 삼은 세계 최초의 심리학 박사 학위 논문이다. 손다이크는 이어서 병아리, 물고기, 고양이, 원숭이를 사용해서 연상학습에 대한 연구를 계속했다.

　손다이크는 큰 야망을 갖고 매우 적극적으로 살았다. 그는 자신의 약혼자에게 5년 이내에 자신이 심리학계의 정상 자리에 올라갈 것이고, 10여 명 이상의 제자를 기를 것이며, 그런 후에는 미련 없이 그 자리를 떠날 것이라고 약속했다고 한다. 그는 동물심리학자로 오래 머물지 않았다. 그는 동물심리학에 참된 흥미가 있었던 것이 아니라, 명성을 얻고 학위를 받기 위해 일시적으로 매달렸던 것이라고 인정한 적도 있다. 그는 동물심리학이 출세 및 성공과는 다소 거리가 있어 성공하고 명성을 얻기 위해서는 동물심리학 연구보다는 응용 분야의 심리학 연구로 나아가는 것이 더욱 유리하다고 생각했던 것으로 보인다.

　손다이크는 컬럼비아 대학의 사범대학에서 심리학 강사가 된다. 그곳에서 학습 문제를 연구하기 위해 사람을 대상으로 연구하고 아동과 청년의 심리를 연구하기 위해 동물 연구의 기법을 응용한다. 그는 교육심리학과 심리검사 쪽으로 관심 영역을 확장하고, 몇 권의 책도 썼으며 1910년에는 『교육심리학 학회지Journal of Educational Psychology』를 발간한다. 그리고 1912년에는 미국심리학회 회장으로 당선되면서 심리학계의 정상에 오르게 된다. 그가 개발한 검사들과 책들로 받은 인세는 연간 7만 달러를 상회하였는데 당시에는 어마어마한 금액이었다.

손다이크가 컬럼비아에서 50년 동안 이룩한 업적은 심리학의 역사에서 기록적인 것이었다. 그는 자서전에서 507개의 연구 항목을 언급했는데, 이 항목들은 짧은 논문에서 두꺼운 책에 이르기까지 실로 다양하였다. 1939년 그는 컬럼비아에서 은퇴하였지만 그 후 10년을 더 살면서 연구를 지속했다.

손다이크의 업적이 심리학에 미친 영향

손다이크는 연상association의 실험적 연구 방법을 연결주의connectionism라 불렀다. 그는 과거 철학자들이 사용하던 관념들 간의 연결과는 달리, 객관적으로 검증 가능한 상황과 반응 간의 연결을 다루었다. 비록 손다이크는 그의 이론을 보다 객관적인 틀 안에서 발전시키려고 하였지만 여전히 정신적 측면에 치우쳐 있다는 것을 완전히 불식시키지는 못했다. 예컨대, 그가 실험동물의 행동을 묘사할 때 행동적인 측면보다는 만족, 싫증, 불편감 등 정신적 측면의 용어를 사용한 것이 그 예다.

비록 손다이크가 정신적 측면에서 완전히 벗어나지는 못했지만, 그의 방법이 기계적인 전통을 발전시킨 것만은 틀림없다. 그

는 행동을 가장 단순한 요소, 즉 자극-반응 단위로 환원해야 한
다고 주장했다. 그래서 구성주의자 및 영국의 경험주의 철학자들
의 견해를 크게 벗어나지 못한 것으로 보아 그를 두고 요소주의자
로 부르는 사람도 있다.

손다이크의 업적 가운데는 학습의 법칙에 관한 것이 가장 두
드러진다. 그는 만족감을 주는 상황은 반응 연결이 보다 잘 이루
어진다는 효과의 법칙law of effect과 어떤 상황에서 보다 많이 사용
된 반응은 보다 잘 연결된다는 연습의 법칙law of exercise, 사용 또
는 불사용의 법칙law of use and disuse을 제시했다.

손다이크의 업적은 인간과 동물의 학습 연구에 매우 의미 있
는 연구 기반을 마련해 주었다. 그의 업적은 미국 심리학에서 학
습심리학이 기초심리학으로서 두드러진 성장을 하는 데 큰 영향
을 미쳤고, 왓슨이 주장한 행동주의의 기반을 이루는 데도 중요한
역할을 했다.

이반 파블로프

Ivan Petrovich Pavlov: 1849~1936

이반 파블로프는 심리학에서 주관적이고 사변적인 생각을 중시하는 전통적 견해로부터 벗어나 객관적이고 계량적인 사건을 중점적으로 다루게 하는 데 절대적인 공을 세웠다. 결과적으로 파블로프는 이론적·방법적인 면에 걸쳐 왓슨의 행동주의 심리학의 확립에 절대적인 초석을 제공한 셈이다.

파블로프의 생애

이반 파블로프는 1849년 러시아 중부 지방의 한 시골에서 사제의 11남매 가운데 첫째로 태어났다. 많은 형제자매 가운데 맏이였기 때문에 어린 시절부터 책임감이 강했고 부지런히 사는 것이 습관화되어 이런 근면성은 한

평생 동안 지속되었다. 그는 7세 때 사고로 머리를 심하게 다쳐 학교에 들어갈 수 없었다. 그래서 몇 년 동안 아버지 밑에서 사교육을 받았다. 11세 때 사제가 되기 위해 신학교에 들어갔지만 다윈의 진화론을 읽고 난 후 마음이 바뀌어 신학 대신 동물생리학을 공부하기 위해 1870년 상트페테르부르크 대학에 진학하였다.

1875년 의학학위를 받고 난 후 임상의보다는 생리학 연구자가 될 포부를 갖고 기초의학을 공부하였다. 그 후 2년간 독일로 유학을 갔다가 상트페테르부르크 대학으로 되돌아와 몇 년간 실험실 연구원으로 근무하였다. 그는 모든 것을 바쳐 실험 연구에 몰두했다. 그는 자신의 연구가 월급, 의복, 주거 조건과 같은 현실적인 문제 때문에 방해받는 것을 싫어했다. 1881년 결혼하였고, 현명한 부인은 남편의 연구를 전적으로 지지해 주었다. 그는 연구에만 몰두하는 탓에 월급 받는 날도 잊어 먹기 일쑤여서 아내가 월급날을 상기시켜 주곤 했으며, 자기 스스로는 옷 한 벌도 사 입을 수 없을 만큼 사회생활이 서툴렀다.

파블로프의 가족은 1890년까지 몹시 어렵게 살았다. 이 해에 파블로프는 41세로 상트페테르부르크 군사의학 아카데미의 약리학 교수로 지명된다. 바로 몇 년 전 박사 학위 준비 과정에 있을 때 첫 아이가 태어났는데, 의사는 아기가 너무 약해서 모자가 시골에 가서 휴양하지 않으면 생존할 수 없을 것이라고 경고했다. 파블로프는 아내와 아기를 휴양 보내기 위해 백방으로 노력했지만 돈을 마련하지 못하여 그러지 못하고 결국 아기는 사망하게 된다. 둘째 아이가 태어났을 때도 돈이 없어 아파트를 구하지 못하고 가족을 친척 집에 맡겨 놓고 파블로프 자신은 실험실 구석에 마련한 야전침대에서 기거했다.

제자들이 파블로프가 경제적으로 매우 어려운 처지인 것을 알고 돈을 걷은 후 그에게 특강을 해 달라고 하여 강사료 명목으로 돈을 주었다. 그런데 파블로프는 그 돈을 자신의 생활에 보탠 게 아니라 실험동물인 개의 먹이를 사는 데 사용했다.

파블로프는 실험실 연구에 많은 관심을 보였지만 자기 스스로 실험을 수행하지는 않았다. 대신 제자들이 실험하는 것을 가만히 지켜보고 감독하기를 좋아했다. 1897년부터 1936년까지 40여 년 동안 파블로프 밑에서 연구한 연구자가 자그마치 150여 명이었으며, 500여 편의 과학 논문이 발표되었다.

파블로프는 성질이 몹시 급해 화를 잘 냈다. 그는 종종 자신의 연구 조교에게까지도 장광설을 쏟아내며 야단치곤 했다. 1917년 볼셰비키 혁명 당시 한 조교가 10분 늦게 실험실에 와서 그에게 야단을 맞았다. 시가전이 벌어져서 불가피하게 늦은 것이라고 이야기했지만 전혀 통하지 않았다. 그런데 제자들이 파블로프의 이런 불같은 성화가 금방 끝난다는 것을 잘 알고 있었기 때문에 큰 문제가 되진 않았다. 그는 대인관계에 있어 신중하지 못했지만 정직했고 직선적이었다.

파블로프는 그의 실험동물인 개를 매우 따뜻하게 다루려고 애썼고, 어떤 개가 실험을 위해 수술을 받아야 할 처지가 되면 불행한 일이지만 과학 연구를 위해서는 불가피하다고 했다. 그는 1935년 자신의 연구실 앞마당에 실험동물들을 위한 기념탑을 세웠다.

파블로프는 여자와 유대인을 실험실에서 연구할 수 있도록 관용을 베푼 몇 안 되는 러시아 과학자다. 그는 어떠한 반유대인적인 태도에 대해서도 화를 내곤 했다. 그는 유머나 농담도 즐겨했다. 그리 흔한 일은 아니었지만, 파블로프는 어쩌다 자신이 실수를 하면 그것을 기꺼이 인정했다.

그와 소비에트 정권의 관계는 복잡하고 어려웠다. 그는 공개적으로 소비에트 혁명과 소비에트 정부에 대해 비판적이었다. 파블로프는 스탈린에게 강력한 분노를 담은 항의 편지를 쓰기도 했다. 1933년 러시아 정부가 러시아 시민을 하나로 묶는 데 어느 정도 성공하자 파블로프는 그때에서야 정부를 인정하고 수용했다. 파블로프는 사망하기 전 마지막 3년 동안에는 지난 16년 동안이나 비판해 오던 정부 당국과 평화로운 관계를 유지했다. 이런 비판적 태도에도 불구하고 파블로프는 소비에트 정부로부터 많은 연구 지원 혜택을 받았고 부당한 압력도 받지 않았다.

파블로프의 업적이 심리학에 미친 영향

그의 업적은 세 가지로 요약된다. 첫째는 심장에 분포된 신경

의 기능, 둘째는 소화와 관련된 내분비선의 기능, 셋째는 조건반
사 연구다. 그 중 두 번째 업적으로 1904년 노벨 생리학상을 받아
세계적으로 유명해졌지만 그보다 더 유명한 것은 심리학의 역사
에서 가장 뛰어난 업적으로 인정받는 조건반사에 관한 연구다.

조건반사는 파블로프가 개를 피험동물로 삼아 소화액 분비를
연구하던 중 우연히 발견한 것이다. 파블로프는 개의 침샘에서 흘
러나오는 침의 양을 육안으로 관찰할 수 있도록 침샘에 가는 유리
관을 삽입하는 수술을 하였다. 실험을 하는 도중 음식물이 개의
면전에 제시될 때마다 개가 불수의적(자동적)으로 침을 흘린다는
사실을 발견하게 된다. 더 나아가 어떨 때는 음식물이 실제로 제
시되기 전 음식을 주는 사람의 발자국 소리를 듣는다든가 먼발치

조건반사는 파블로프가 개를 피험동물로 삼아 소화액 분비를 연구하던 중 우연히 발
견한 것이다.

에서 사람을 보기만 해도 침을 흘린다는 사실을 발견하게 된다. 이러한 침 흘리기 반응은 음식물을 얻는 것과 상관 있는 어떤 자극과 서로 관련되어 있다는 것을 의미하는 것이다.

파블로프는 처음에는 음식물과는 직접 관련 없는 자극에 따라 개들이 보이는 이런 반응을 정신적 반사psychic reflex라 불렀다. 파블로프는 발자국 소리를 듣는다거나 사람을 보는 것과 같은 자극이 음식물 제공과 관련 있기 때문에 이런 반응이 일어난다고 생각했다. 그 후 정신적 반사라는 말은 파블로프의 업적을 영어로 번역하는 과정에서 조건반사conditioned reflex라는 말로 바뀌게 되었다.

전형적인 조건반사 실험은 다음과 같다. 먼저 빛(광선)과 같은 조건 자극이 제시된다. 바로 이어 음식물과 같은 무조건 자극이 제시된다. 이런 식으로 빛과 음식물을 몇 번 거듭하여 짝지어 제시하면 동물은 빛만 보고도 침을 흘리게 된다. 이 동물은 빛과 같이 음식물과 관계없던 자극에 반응하는 것이 조건화된 것이다. 즉, 빛과 음식물 간에 어떤 연결이 이루어진 것이다. 만약 빛이 제시된 후 음식이 따라오지 않았다고 한다면 반응(조건화)은 일어나지 않았을 것이다. 그러므로 강화(먹이를 준다는 것)는 조건반응이 일어나는 데 필수적인 것이다.

파블로프와 그의 동료 연구원들은 조건반응 형성 연구 외에도 강화, 소거, 자발적 회복, 일반화, 식별화, 고차 조건형성과 같은 조건반응에 따르는 부수적 현상에 대해서도 연구하였다. 파블로프의 연구실에는 200여 명의 연구자가 몰려왔다고 하는데, 이것은 세계에 있는 그 어떤 연구실보다도 더 왕성한 연구를 했다는 징표다.

파블로프는 조건반사 연구를 시작한 지 20년이 지난 1923년에 연구 결과를 처음 공개적으로 발표했으며, 1927년에는 이를 보다 체계적으로 묶어 발표했다. 처음 연구를 시작하고 나서 20여 년 이 지나 처음 공개적으로 발표했다는 사실은 파블로프가 얼마나 신중하게 실험을 반복적으로 실천했는가 하는 점과 하나하나의 단편적 실험 결과들을 전체적으로 하나로 통합하여 체계화하는 데 신중에 신중을 기했다는 점을 짐작하게 하는 것이기도 하다.

파블로프가 한동안 심리학에 대해 호감을 갖고 있지 않았음에 도 불구하고 심리학에 가장 큰 영향을 끼쳤다는 것은 참으로 아이 러니한 일이다. 그는 한때 심리학이 하나의 독립된 과학이 될 수 없을 것이라 믿었기 때문에 실험실 내에서 생리학 용어 외에 심리 학 용어는 일체 사용하지 못하도록 했다. 그런데 말년에는 이런 그의 태도가 크게 바뀌었고, 끝내는 자기 자신을 실험심리학자라 고 부르기도 했다. 특히 미국 심리학자들이 조건반응을 학습심리 학이론의 기초로 간주한 이후부터 심리학에 호감을 갖게 되었다. 파블로프의 조건반사 개념은 뒤이어 나올 행동주의 심리학의 중 심 개념이 되어 왓슨과 스키너의 행동주의이론의 골격이 된다.

행동주의
심리학자

07

행동주의의 창시자 / **존 왓슨**

매개변인이라는 개념을 심리학에 처음으로 도입하다 / **에드워드 톨먼**

행동주의의 형식을 정교하게 다듬다 / **클라크 헐**

신행동주의의 대표주자 / **벌허스 스키너**

직접적 강화 없이도 모든 행동은 학습될 수 있다 / **앨버트 반두라**

극단적인 행동주의를 배격하다 / **줄리언 로터**

앞 장에서 왓슨이 공식적으로 행동주의를 등장시키기 전 그의 생각에 직접적으로 영향을 준 손다이크와 파블로프와 같은, 동물을 대상으로 연구한 심리학자와 생리학자들에 대해 살펴보았다.

왓슨도 심리학의 창시자 분트처럼 용의주도한 준비와 면모를 갖추고 새로운 학파로서의 행동주의 운동을 시작한다. 왓슨의 생애를 추적하면서 그의 생각과 행동주의가 어떻게 전개되어 갔는지 살펴보자.

행동주의의 전개

왓슨은 행동주의가 심리학의 모습을 일시에 뒤바꾸어 놓을 수 있을 것으로는 기대하지 않았다. 왓슨이 공식적으로는 행동주의를 선언한 지 20년이 지난 1930년대가 되어서야 미국 심리학이 행동주의 일색으로 바뀐 것이다.

왓슨이 행동주의를 선포한 1910년대부터 행동주의 정착기라 부르는 1930년대까지를 제1단계라 하고, 톨먼, 헐, 스키너가 주로 활동하던 1930년대부터 1960년까지를 제2단계인 신행동주의 neobehaviorism 시대라 부른다.

마지막 행동주의의 제3단계는 신-신행동주의neo-neobehaviorism 또는 사회행동주의sociobehaviorism라 부르는 단계로, 반두라와 로터 등을 중심으로 하는 1960년대부터 1990년대까지를 말한다. 이들 사회행동주의자는 바깥으로 나타나는 외현적 행동 관찰에 주목하되 인지적 과정을 고려해야 한다고 본다.

여기서는 행동주의의 창시자인 왓슨을 시작으로 신행동주의자와 사회행동주의자의 대표자들을 살펴보기로 한다.

존 왓슨
John B. Watson: 1878~1958

존 왓슨의 생애

존 왓슨은 사우스캐롤라이나 주의 그린빌과 가까운 농촌에서 태어났다. 그는 전체 학교가 단 하나의 교실만으로 운영되는 미니 학교에서 교육받았다. 그의 어머니는 독실한 신앙심을 가진 침례교 신자였다. 반면에 아버지는 심한 알코올 중독자로서 폭력도 자주 행사하고 몇몇 여인과 혼외관계도 가진 난봉꾼이었다. 그가 어느 하나의 직업에도 오래 종사하지 못했기 때문에 가족은 몹시 곤궁하게 지냈다. 이웃들은 그들 가족을 불쌍히 여기고 동정했다.

왓슨이 13세가 됐을 때 그의 아버지는 한 여인과 바람이 나 집을 나간 채 돌아오지 않았다. 왓슨은 그 후부터 평생 아버지를 미워했다. 시간이 많이 흘러 왓슨이 성공하고 유명해졌을 때 아버지가 그를 찾아왔지만 왓슨은 아버지를 만나지 않고 되돌려 보냈다.

10대 소년 시절 왓슨은 비행청소년으로 말썽꾸러기였다. 그는 스스로 게으름뱅이였고, 반항자였으며, 학교 공부도 겨우 낙제를 면할 정도로 불량했다고 고백했다. 왓슨의 선생님들도 그를 게으르고, 자기주장적이며, 때로는 통제 불능의 말썽꾸러기였다고 회고했다. 그는 주먹싸움도 자주 했으며 두 번이나 체포되어 구금된 적도 있는데, 그중 한 번은 시내에서 총기를 사용했기 때문이었다. 그렇지만 그는 어머니에게 목사가 될 것을 약속했기에 16세에 그린빌에 있는 침례교회 계열의 퍼먼 대학에 진학한다. 그는 그곳에서 철학, 수학, 라틴어, 희랍어 등을 공부한 후 프린스턴 신학대학원으로 진학할 계획을 갖고 있었다.

왓슨이 퍼먼 대학 졸업학년 시절 흥미진진한 사건이 터진다. 한 교수가 마지막 학기말 시험에서 기한 내에 레포트를 제출하지 않은 학생은 낙제할 것이라고 경고했는데, 왓슨은 이에 도전하기로 하고 기한이 지난 후에 레포트를 제출해 결국 낙제하고 만 것이다. 이 사건은 왓슨이 마땅치 않은 권위에 도전하는 공격적이고 단호한 성격의 한 면을 갖고 있음을 반영하는 것으로 보인다.

퍼먼 대학 시절 한 교수는 왓슨을 "뛰어날 정도로 영민하였지만 게으르고 건방졌으며 약간 큰 몸집에 잘생긴 얼굴이었고, 자신의 아이디어에 대해 흥미를 보이고 남에게는 잘 동조하지 않는 학생"이라고 기억했다. 낙제 때문에 1년 더 퍼먼 대학에 머무는 동

안 어머니가 사망했고, 왓슨은 목사가 되겠다고 했던 어머니와의
약속을 더 이상 지키지 않아도 되었다. 그래서 그는 신학대학원
대신 시카고 대학원에 지원하게 된다.

그는 단돈 50달러를 들고 아는 이도 없고 마땅한 생활 수단도
없는 불안한 상태에서 시카고에 도착한다. 그는 당시 명망가인 존
듀이 교수의 제자로 철학을 전공하려 했는데 그의 강의를 알아들
을 수 없어 철학을 포기하고 대신 기능주의 심리학자 제임스 에인
절 교수에 매료되어 심리학을 택한다. 또한 그는 자크 러브Jacques
Loeb 교수의 생물학과 생리학 강의도 듣게 되어 메커니즘이라는
명쾌한 생리학적 개념도 알게 된다.

왓슨은 기숙사 관리인, 실험동물장 사육사, 교수연구실 청소
부 등 온갖 시간제 아르바이트 일을 했다. 스트레스에 시달리던 그
는 대학원 마지막 학기에 급성 불안증이 발작하여 침상에 불을 켜
두지 않으면 잠을 잘 수가 없었다. 그럼에도 그는 25세 때 박사 학
위를 받아 시카고 대학 역사상 최연소 박사 학위자가 된다. 그는
최우등생magna cum laude and Phi Beta Kappa의 영예를 안고 졸업했
지만 그의 선생인 듀이와 에인절이 3년 전에 졸업한 선배 헬렌 톰
슨 울리Helen Thompson Wooley에 비해 우수하지 못하다고 하는 평
을 듣고 심한 열등감에 빠졌다.

박사 학위를 받은 해 제자인 19세의 메리 이케스Mary Ickes란
명문가의 여성과 결혼하게 된다. 그녀는 시험지에다 시험 문제를
푸는 대신 길다란 연애시를 써서 제출했다고 하는데, 그녀가 어떤

성적을 받았는지는 잘 모르지만 왓슨을 남편으로 얻은 것만은 확실하다. 그러나 불행하게도 그들의 결혼은 두 사람 모두에게 불만감을 갖게 했다.

시카고 대학 시절 그는 흰쥐의 대뇌 발달과 심리적 성숙의 관계에 관한 연구로 학위를 받았다. 그가 초기에 행한 대부분의 연구는 동물을 피험 대상으로 삼았고 흰쥐와 같은 동물을 데리고 실험할 때는 마음이 편안했다고 고백한 적이 있다. 한 동료의 회고에 의하면 왓슨은 내성법을 연구하기엔 기질상 적합하지 않아 객관적 연구인 동물심리학을 택했다고 말한 바 있다.

30세 된 해인 1908년 볼티모어에 있는 존스홉킨스 대학에서 왓슨에게 교수직을 제의했다. 그는 시카고를 떠나기는 싫었지만 정교수가 되면 봉급도 오르고 무엇보다 실험실을 책임지고 운영할 수 있었기 때문에 그 제안을 기회로 받아들여 시카고를 떠나게 된다. 그 후 12년간 몸담게 되는 존스홉킨스 대학에서의 시절이 그의 인생에서 가장 빛나는 삶이자 심리학 역사에 큰 공헌이 되는 삶이었다.

왓슨을 존스홉킨스로 초청했던 볼딘Baldwine, J. M. 교수가 섹스 스캔들로 사임하게 되자, 왓슨은 1년 만에 학과장이 되고 미국 심리학회 공식 학회지인 『심리학 평론Psychology Review』의 편집장이 된다. 그는 잘생긴 얼굴에 멋진 강의로 가장 핸섬하고 인기 있는 교수로 뽑히기도 했다. 그는 31세에 미국에서 가장 영향력 있는 한 대학의 학과장이 된 당시에 대해 "나의 인생 진로가 확

달라졌다. 나는 어떤 사람의 감독도 받지 않고 자유롭게 일할 수 있었다."라고 회고했다.

왓슨은 1903년경부터 객관적인 심리학에 관해 적극적으로 관심을 갖기 시작했다. 그 후 1908년 예일 대학에서 있었던 한 강연에서 객관적 심리학에 대한 견해를 공식적으로 발표했고, 같은 해 볼티모어에서 있었던 미국심리학회 연례발표회에서 이런 견해를 논문으로 발표했다. 왓슨은 심리학이란 과학에서 정신적인 개념은 별 가치가 없다고 주장했으며, 1913년 『심리학 평론』에 행동주의가 공식적으로 시작된다는 견해를 발표하기에 이른다.

1914년 왓슨은 『행동: 비교심리학 입문Behavior: An introduction to comparative psychology』이란 저서에서 심리학 연구에서 동물심리학을 적극적으로 수용해야 하며, 동물을 피험대상으로 삼는 것이 여러 가지 이점이 있다는 것을 언급했다. 많은 젊은 심리학자와 대학원생들은 왓슨이 오랫동안 철학에서부터 전해 오던 신비주의를 말끔히 청산해 줄 것으로 기대하며 크게 환영하였다.

당시 대학원생이었고 후에 미국발달심리학회 회장이 된 메리 존스Mary Jones는 왓슨에 대해 다음과 같이 회고하였다.

왓슨의 행동주의가 등장하면서 정통적인 유럽식 심리학의 기초가 흔들렸기 때문에 우리는 대환영했다. 이것은 곧 안락의 자에 파묻혀 사색과 사변을 일삼던 심리학에서 활동과 개혁의 심리학으로 바뀌는 것을 의미하므로 심리학이 만병통치가 될 것으로 여겨 대환영하였다.

　그러나 대부분의 원로 심리학자들은 왓슨의 주장을 환영하지 않았고 그의 방법을 받아들이지도 않았다.

　1915년 왓슨은 미국심리학회 회장으로 당선되었다. 이것은 그가 공식적으로 미국 심리학의 대표가 되었다는 의미 이상으로서, 그의 주장이 많은 명망 있는 심리학자와 공유되고 있음을 나타내는 것이다. 왓슨은 자신의 생각이 단순히 실험실에만 머무는 것이 아니라 현실 생활에도 적용되기를 바랐다. 그는 심리학의 전문적 지식을 실생활에 응용하기 위해 큰 보험회사의 컨설턴트가 되기도 했고, 존스홉킨스 대학 경영학과 학생들을 위해 광고심리학 강좌를 개설하여 강의하기도 했으며, 대학원생 교육을 위해 산업심리학 프로그램을 마련하여 실습하기도 했다.

　제1차 세계대전 중 왓슨은 미 육군 항공대 소령으로 복무하면서 비행사를 선발하기 위한 지각과 운동능력 검사를 개발하였다. 그는 또한 비행사가 고공에서 산소 부족으로 인해 받을 수 있는 심리적·생리적 영향을 연구하기도 하였다. 전쟁이 끝나고 나서는 기업체에서 유능한 인재의 선발과 경영 관리 컨설팅에 도움이 될 프로그램을 제공하는 서비스 회사도 설립했다.

　이처럼 다양한 응용심리학 영역에서 활동했음에도 불구하고 왓슨의 주된 관심은 그의 행동주의적 방법을 심리학 문제에 적용하는 것이었다. 그는 1919년 『행동주의자의 견지에서 본 심리학

Psychology from the standpoint & A behaviorist』이란 책을 출판하였다. 이 책에서는 보다 완벽하게 행동주의 심리학을 언급했으며, 동물 심리학 연구에서 추천했던 객관적 방법과 원리들을 인간의 연구에도 적절하게 적용해야 한다고 주장했다.

　이러는 사이에 왓슨의 결혼생활은 점점 악화되어 갔다. 잦은 이성과의 부적절한 사건으로 아내의 분노가 쌓여간 것이 주된 이유였다. 왓슨은 시카고 대학 시절의 선배 교수인 에인절에게 당시의 심정에 대해 "아내는 더 이상 나를 보살펴 주지 않으려 하며 나와의 신체접촉을 싫어합니다. 엉망이 된 이 관계를 도대체 어떻게 해야 할까요?"라고 고백했다.

　왓슨은 자신의 조교 로살리 레이너Rosalie Rayner와 사랑에 빠져 뜨거운 사랑의 편지를 여러 통 보냈는데, 그중 아내가 발견한 한 편지에는 "나의 모든 세포 속에는 당신만이 가득가득하다오. 나의 모든 반응은 오직 당신을 향한 것뿐이며, 나의 심장 반응 또한 그러하다오……."라고 적혀 있었다.

　이즈음 왓슨은 인간의 성적 반응의 생리학적 측면에 관한 연구에 관심을 쏟고 있었다. 이 연구는 1950년대에 세상을 놀라게 한 매스터스Masters와 존슨Johnson의 성 보고서보다 40년이나 앞서는 것이다. 이는 남녀가 성교를 하고 있는 동안 몸에서 일어나는 생리학적 변화를 조사한 놀라운 연구다. 더욱 놀라운 것은 이 연구에 왓슨 자신이 직접 남성 피험자로, 제자인 레이너가 여성 피험자로 참가했다는 것이다.

이 연구는 엄청난 비극적 결과를 초래한다. 그의 아내가 남편이 밤늦게까지 실험실에서 조교와 함께 머물면서 저지른 불륜 행위 내용을 알고서 대학 당국에 이를 고발하고 이혼소송을 제기했기 때문이다. 잘생긴 외모에다가 세상을 떠들썩하게 한 이혼소송으로 왓슨은 대학 당국으로부터 사임을 권고받아 이를 수용했고, 한참 치솟던 왓슨의 학문적 업적은 막을 내리게 된다.

1920년 왓슨은 존스홉킨스 대학을 사임하고 얼마 지나지 않아 스캔들의 당사자인 로살리 레이너와 결혼하지만, 그 후 전임교수로서는 대학 강단에 영영 되돌아가지 못한다. 과거 학문적 동료였던 시카고 대학이나 존스홉킨스 대학의 동료들은 어려웠던 이 시기에 그에게 도움을 주기는커녕 심한 비난을 퍼부었다. 왓슨은 그들에게 화를 내었지만 어쩔 도리가 없었다. 오히려 학문적 입장이 매우 상이한 코넬대의 티치너만이 그를 위로하고 격려해 주었다.

왓슨은 새로운 직업을 찾을 수밖에 없었는데 그것이 바로 광고 분야였다. 그는 연봉 2만 5천 달러를 받기로 하고 월트 톰슨 광고회사에 취직했는데, 이 금액은 그가 받던 교수직 급료의 4배 수입이었다. 그는 모든 부서의 일을 경험했고 가가호호 방문하면서 조사 활동도 하고 커피도 팔았으며 메이시스 백화점에서는 사업의 세계를 두루 알기 위해 온갖 일을 다 경험해 보았다. 뛰어난 머리에 사업적 수완도 뛰어나 3년 안에 부사장이 되었고, 1936년에는 또 다른 광고회사에 부사장으로 스카우트 되어 전직한 후 그곳에서 1945년 은퇴할 때까지 근무했다.

1920년 이후 왓슨은 행동주의를 일반 대중에게 소개하는 일에 몰두한다. 그는 대중강의, 라디오 대담을 했고 각종 대중잡지에서 요청하는 글을 썼다. 그의 글은 대중의 인기를 끌기에 충분해 계속 글을 쓰지 않을 수 없었다. 그의 두 번째 부인인 로살리 레이너도 『부모Parents』라는 잡지에 '나는 행동주의자 아들의 어머니I am the mother of a behaviorists' sons'라는 유명한 글을 썼다. 그는 학계를 그만둔 이상 대중을 위해 행동주의의 메시지를 전달하는 데 심혈을 기울이기로 하고, 가능한 한 쉽고 명료하게 글을 썼다.

1925년 왓슨은 뉴욕에 있는 뉴 스쿨 포 소셜 리서치New School for Social Research라는 대학원에서 잠깐 동안 강의를 한 적도 있었는데, 그곳에서 한 강의 내용은 사회개혁 운동 프로그램으로, 나중에 『행동주의Behaviorism』라는 책으로 펴냈다. 이 책은 대중으로부터 찬성과 반대 의견을 모두 불러일으킨 대단히 인기 있는 책이었다.

1928년 『유아와 아동의 심리학적 돌봄Psychological care of the infant and child』이라는 책에서 그는 당시에 유행하던 육아 방식을 크게 비판하였다. 그는 "오늘날의 부모는 무능하며 심리적 살인자로 고발해야 한다."는 극언을 서슴지 않았다. 그는 부모가 아동의 양육에 허용적이기보다 조정자 역할을 해야 한다고 주장했다. 행동주의자로서 자녀를 양육할 때는 무절제하게 허용적이지 말고 비교적 엄격하게 통제해야 한다는 것으로, 이러한 왓슨식 육아가 한동안 유행했다. 그러나 이런 통제 위주의 육아 방식으로 키운 왓슨의 두 아들 가운데 한 아들은 자살을 기도했고, 다른 한 아들은 정신병에 걸렸으며, 자살 충동으로 괴로워했다. 또한 첫 번째 부인과의 사이에서 낳은 딸도 몇 번이나 자살을 시도한 적이 있을 정도로 우울증이 심했다.

왓슨의 손녀딸인 여배우 마리에트 하틀리Mariette Hartley도 우울증, 알코올중독, 자살 충동으로 고생했는데, 그녀는 우리 가족에게는 신체적 애정 결핍이 있었다고 고백했다. 아동의 육아에 있어서 왓슨식의 육아 방식은 이러한 그의 가족의 사례로 미루어 볼 때 성공적이라고 보기 어렵다고 할 수 있다.

왓슨을 그처럼 유명한 인사로 만든 요인으로는 그의 영민함, 명확성, 핸섬함, 매력적인 성격 등을 든다. 그는 세련된 옷을 입고, 스피드 보트를 타고, 뉴욕 사회의 명사들과 교제를 했으며 자신이 만인의 사랑을 받고 있다고 생각했다. 그는 코네티컷 주에 엄청나게 큰 맨션을 짓고 하인을 여럿 두었으며, 이곳에서 사냥과 낚시를 하며 여가를 즐겼다.

1935년 왓슨의 나이 58세에, 두 번째 부인인 로살리가 급성 이질로 37세의 젊은 나이에 사망한다. 그때 큰아들 제임스는 아버지가 우는 것을 처음 보았는데, 아버지가 울면서 자기를 잠깐 끌어안았던 것이 아버지와의 유일한 신체 접촉이었다고 했다. 그리고 바로 아들을 기숙학교로 되돌려 보내고 로살리에 대해 다시는 언급하지 않았다고 했다.

당시 뉴욕에 살고 있던 심리학자 맥그로Myrtle McGraw가 왓슨

집으로 문상차 찾아왔는데, 왓슨은 자신이 로살리보다 먼저 죽을 것이라 생각하여 아무런 마음의 준비도 해 놓지 않았기에 어떻게 이 슬픔을 감당해 나가야 할지 걱정이라고 했다. 그는 로살리와 사별한 후 속세와 담을 쌓고 사람들을 만나지 않고 일도 하지 않았다. 그는 저택을 팔고 어린 시절 살았던 집과 비슷한 작은 목조식의 농가집을 지어 이사 갔다.

1957년 왓슨의 나이 79세가 되었을 때 미국심리학회는 왓슨이 현대 심리학의 외형과 내용 형성에 결정적 역할을 했다고 칭송하면서 상을 주었다. 그다음 해 1958년 그는 자신이 죽기 전 생전의 모든 편지, 원고, 노트 등을 모두 불태워 버렸다.

왓슨에 대한 평가

20세기 전반 심리학 분야에서 가장 영향력이 높았던 사람은 프로이트이고 그다음은 왓슨이라고 한다. 이처럼 왓슨이 중요하게 다루어지는 데는 몇 가지 이유가 있다.

첫째, 왓슨은 자신의 주장을 강력하게 반복하여 주장함으로써 1935년경에는 행동주의가 미국 심리학의 중심에 서도록 했고, 그 결과 그를 행동주의의 창시자라고 부르게 되었다.

둘째, 왓슨은 분트 이후 지배해 오던 내성법이라는 심리학 연구 방법을 객관성이 부족하다는 이유로 심하게 공격하였다. 왓슨은 관찰 가능하고 측정 가능한 행동을 종속변인으로 삼아서 심리학을 과학적 토대 위에 올려놓는 데 큰 공헌을 하였다.

셋째, 왓슨이 젊은이들과 대중에게 인기가 있었던 이유는 그의 생각이 미국 시민들과 심리적 공감대를 형성할 수 있었기 때문이다. 환경이 한 사람의 장래 발달에 결정적 역할을 한다는 왓슨의 신념은 적절한 양육 및 교육과 같은 환경 조절을 통해 사람들의 목표나 이상이 실현될 수 있다고 믿는 미국인의 일반적 꿈과 일치했기 때문이다.

마지막으로, 왓슨의 행동주의는 기초심리학과 응용심리학 사이의 간격을 메워 주었다. 왓슨은 실험실에서 동물을 대상으로 한 조건화 학습이나 미로 학습과 같은 기초심리학 연구가 실생활이나 산업계와 같은 응용 분야나 의료 분야에까지도 효과적으로 응용될 수 있음을 보여 준 것이다.

에드워드 톨먼
Edward Tolman: 1886~1959

에드워드 톨먼의 생애

왓슨의 행동주의로부터 변화를 추구한 최초의 인물은 에드워드 톨먼이다. 톨먼은 매사추세츠 주의 보스턴 근교에서 태어났고, 매사추세츠 공과대학^{MIT}에서 전기화학공학을 전공하여 졸업했다. 그는 대학 4학년 때 윌리엄 제임스의 『심리학의 원리^{The} $^{principles\ of\ psychology}$』를 읽고 심리학으로 전공을 바꿀 것이라 결심하고 하버드로 가서 1915년에 박사 학위를 받았다.

하버드 대학원에서 심리학을 전공할 때 게슈탈트 심리학자 쿠르트 코프카를 만나 게슈탈트 심리학을 소개받는데, 이것이 나중에 행동에 대한 이론화 작업을 하는 데 중요한 역할을 한다. 톨먼은 대학원 졸업학년일 때 비로소 왓슨의 행동주의를 접하게 된다. 톨먼은 이전에 티치너의 구성주의 심리학 훈련을 받았는데, 구성주의 심리학에서 강조하는 내성법의 과학적 효용성에 대해 의문을 갖고 있었다. 그는 자서전에서 왓슨의 행동주의가 "너무나 큰 자극이 되어 구원감을 느끼게 해주었다."고 이야기했다.

톨먼은 노스웨스턴 대학에서 3년간 강사를 맡았다가 제1차 세계대전 참전 거부로 해임당하였다. 1918년 캘리포니아 대학 버클리 캠퍼스에 교수로 가서 정년까지 그곳에 있었다. 그는 버클리에서 비교심리학을 가르치면서 쥐를 가지고 미로 학습 실험을 수행했다. 그는 얼마 지나지 않아 왓슨의 행동주의에 불만을 느끼고 자기 자신의 심리학을 개발하게 된다. 1920년 「새로운 방식의 행동주의New formula for behaviorism」라는 논문을 발표하며 독특한 형태의 행동주의를 발전시키게 된다. 1932년에는 『동물과 인간에 있어서 목적지향행동Purposive behavior in animals and men』이라는 중요한 책도 출판한다.

제2차 세계대전 동안 톨먼은 미국 CIACentral Intelligence Agency의 전신인 OSSOffice of Strategic Service에 근무했다. 톨먼은 버클리에 있는 동안 그의 학문적 체계를 발전시키고 개량하면서 연구를 진행하였다.

1950년대 초 냉전 시기에 미국 정부에 침투해 있는 공산주의자를 적출하기 위해 미국 국가에 충성하고 공산당원이 아님을 선언하거나 그렇지 않으면 교수직을 사임하라는 당국의 요구를 받았을 때, 톨먼은 선언을 거부하고 대학을 떠나는 것도 거부하였다.

1957년 톨먼은 미국심리학회로부터 과학에 기여한 공로로 공
로상을 수상하였다.

톨먼에 대한 평가

톨먼의 독특한 업적은 목적성 행동주의purposive behaviorism와
매개변인intervening variables이란 개념을 주창한 것이다.

목적성 또는 목표지향성은 학습 행동의 보편적인 특징이다.
톨먼은 목적성이 특정한 목표 대상에 이르도록 하는 특성을 뜻한
다고 하였는데, 이것은 적응적 행동이고 생존 가능성을 높이는 진
화의 개념을 내포하고 있는 것이다. 예컨대, 배고픈 쥐가 먹이라
는 목표를 찾을 때까지 지속적으로 미로를 달리게 하는 힘의 원천
이 목표지향성이다. 이런 목표 지향적 행동은 학습 행동뿐 아니라
본능적 행동과 같은 생득적 행동의 원인에서도 찾을 수 있다.

톨먼은 매개변인이라는 개념을 심리학에 처음 도입하였는데,
이 변인은 자극이라는 독립변인과 행동이라는 종속변인 사이를
매개하는 변인을 말한다. 예컨대, 쥐에게 12시간 동안 물을 마시
지 못하게 한(독립변인) 후 물을 마시는 양(종속변인)을 측정한 결
과를 두고 매개변인이 무엇이었는가를 추론한다. 매개변인은 육
안으로 관찰되지 않는 변인으로 단지 추론될 뿐이지만 행동의 실

제적 결정 요인이 된다.

　전형적인 매개변인의 예로 배고픔을 가정하는데, 우리는 사람이나 실험실 동물에게서 배고픔을 실제로 관찰할 수 없지만 마지막 식사를 한 이후 음식을 먹지 않은 시간을 계측하는 따위로 배고픔의 정도를 측정할 수는 있다. 즉, 쥐가 미로에서 먹이를 먹는 양이라든가 미로를 얼마나 빠른 속도로 달렸는지를 계측함으로써 배고픔의 정도를 측정할 수 있는 것이다.

　톨먼은 인지심리학의 선구자로 인정되기도 한다. 또한 그는 관찰 불가능한 내적 상태를 설명하는 데 매개변인을 적용함으로써 과학적 연구의 주제가 되도록 하였다. 이 매개변인에 대한 연구는 헐과 스키너와 같은 신행동주의자들에 의해 더욱 발전되었다.

클라크 헐

Clark Hull: 1884~1952

1940년대부터 1960년대까지 미국 심리학을 실제적으로 지배한 사람들은 클라크 헐과 그의 제자들이었다. 그들은 심리학적 이론에 수학과 형식논리학을 적용하여 설명하려 하였다. 헐의 행동주의 형식은 왓슨의 그것에 비해 훨씬 정교하고 복잡하다. 헐은 학생들에게 왓슨은 너무 순진한 사람이고 그의 행동주의는 지나치게 단순하고 조악하다고 평했다.

헐의 생애

클라크 헐은 일생을 통해서 질병과 역경을 이겨 낸 전형적인 인물이다. 헐은 소년 시절 장티푸스에 걸려 거의 죽음 직전까지 갔으며 그 병으로 인해 기억력도 손상을 입었다. 24세에는 소아마비에 걸려 한쪽 다리가 마비되었다. 지독히 가난한 형편 때문에 몇 번이나 공부를 중단하고 스스로 돈벌이를 하지 않을 수 없었다. 그는 이런 신체적 고통과 가난이란 역경에도 불구하고 성공해야겠다는 열망은 누구보다 강했다.

1918년 그의 나이 34세 때 위스콘신 대학에서 박사 학위를 받고 위스콘신에서 10년 동안 교수로 머물면서 개념 형성, 흡연이 행동 효율성에 미치는 영향, 심리검사와 측정, 적성검사 관련 책을 저술했다. 또한 통계분석 방법을 개발하고, 상관계수를 계산하는 기계도 발명했다. 그는 의과대학생을 위한 심리학개론을 강의하면서 최면에 대해서도 관심을 갖게 되어 10년 후에는 『최면과 피암시성: 실험적 접근Hypnosis and suggestibility』이란 책도 출간하였다.

1929년 45세 때에는 예일 대학에 연구교수로 부임하여 파블로프의 조건화 법칙에 바탕을 둔 행동이론을 공식화하는 데 흥미를 느꼈다. 헐은 파블로프가 저술한 『조건반사: 대뇌피질의 생리적 활동에 관한 연구Conditioned reflex: An investigation of the psysiological activity of the cerebral cortex』가 가장 위대한 책이라고 언급하면서 자신의 연구에 동물을 피험 대상으로 사용하기로 결정하였다.

1930년대에 헐은 조건화에 관한 여러 논문을 발표하는데, 이 논문들에서 그는 복잡한 고차적 수준의 행동조차도 기본적인 조건화 원리로 설명할 수 있다고 했다. 1943년 펴낸 『행동의 원리Principles & Behavior』에서 그는 모든 행동에 대한 이론적 구성 체계를 다루었다.

헐은 심리학자들 가운데 가장 많이 인용되는 유명한 학자다. 1940년대 미국심리학회에서 발간되는 모든 실험심리학 논문의 40%, 학습과 동기에 관한 논문의 70%에서 헐의 업적을 인용할 정도였다. 헐은 자신의 이론을 계속하여 보완해 나갔는데 최종 업적은 그가 죽은 해 나온 『행동체계A behavior system』다. 헐은 은퇴한 지 3주 만에 발병한 심장병으로 사망하였다.

헐은 예일 대학에 재직하고 있는 동안 자신의 학습이론을 개발하였고 자신의 실험실에서 이를 계속 검증했다. 자신을 따르던 수많은 제자 가운데 가장 뛰어난 이가 스펜스였는데, 그는 아이오와 대학에서 많은 박사 학위자를 양성해 헐의 이론을 계승하였다.

헐에 대한 평가

헐은 1940년대에서 1950년대에 걸쳐 학습과 동기 연구 분야에서 가장 두드러진 영향력을 행사하였다. 당시 미국의 심리학은 내성법을 사용하던 티치너의 구성주의 심리학이 막을 내리고 왓슨의 행동주의가 등장하기는 했지만 유럽에서 밀려오는 정신분석학과 게슈탈트 심리학 그리고 기능주의의 확대에 따른 검사주의 심리학 등으로 어떤 심리학이 미래를 이끌 것인지 그 뚜렷한 전망은 보이지 않았다. 이때 과학으로서의 심리학이 발전하고 성숙하기를 바랐던 많은 심리학자가 고전적 과학, 특히 물리학에 바탕을 둔 헐의 이론이 나타나자 그에 경도되기 시작하면서 헐이 그 요구를 채워 줄 것이라고 기대하였다.

한편, 헐의 이론은 몇 가지 문제점을 지적받는다. 첫째는 인위적이고 통제된 환상 속에서 단순유기체의 행동을 기본으로 하여 매우 복잡하고 수학적으로 정밀한 이론을 정립하려는 다소 거창한 시도를 했다는 점이다.

둘째는 헐이 인간적인 특성을 너무 간과했다는 점이다. 인간을 기계와 같은 존재로 보고 이론을 발전시켰지만 여러 가지 예상치 못한 문제들이 발생했다. 이런 문제들의 발생으로 행동주의에 대한 의문이 제기되었고, 1960년대 인지심리학이라는 새로운 심리학이 등장하는 계기가 마련된다.

벌허스 스키너

Burrhus Frederic Skinner: 1904~1990

헐과 톨먼과 같은 신행동주의자들은 20세기 후반으로 넘어가면서 두드러진 조명을 받지 못한다. 바로 벌허스 스키너라는 새로운 스타가 등장하기 때문이다. 스키너는 왓슨과 마찬가지로 맹렬함과 과학적인 창의성, 기업가적 정신 그리고 대중이나 학생들을 끌어당기는 힘이 있었다. 스키너를 통하여 신행동주의는 어떻게 전개되었는지 살펴보자.

스키너의 생애

벌허스 스키너는 펜실베이니아의 작은 도시 출신이다. 어린 시절 그는 안정적인 가정에서 많은 사랑을 받고 자랐다. 스키너의 아버지는 성공한 변호사였으며, 어머니는 전업주부로서 스키너에게 근면성과 다른 사람을 배려하는 청교도적인 가치관을 심어 주려고 했다.

스키너는 부모의 가르침 가운데 근면성은 자신의 삶의 신조로 삼았지만 남을 배려하는 것에 대한 관심은 그다지 없었던 듯하다. 그보다는 독립적으로 생각하고 행동하는 경향이 강했으며, 이는 그의 삶에서 평생 지속되었다.

스키너는 그의 아버지가 졸업한 작은 학교를 다녔다. 그는 무엇을 만드는 데 흥미가 있어서 마차, 뗏목 배, 모형비행기와 같은 것을 만들었다. 증기 총을 만들어 지붕 위에 올려놓은 감자나 당근을 쏘아 맞히는 것과 같은 놀이도 즐겨했다. 그는 동물에 관해서도 흥미가 많아 거북이, 뱀, 도마뱀 등을 수집했다. 시골 박람회에서 비둘기가 재주 부리는 것을 보고 온 후에는 그 모습을 따라 해 보기도 했다.

스키너의 심리학 체계는 그가 어린 시절 겪었던 경험을 많이 반영하고 있다. 그는 인생을 과거에 경험했던 보상의 결과로 보았다. 그리고 그의 경험은 그가 속해 있던 환경 속의 자극에 의해 전적으로 이루어졌다고 믿었다.

스키너는 뉴욕 시에 있는 해밀턴 대학 영문과로 진학하였고, 그 시절 유명한 시인인 로버트 프로스트Robert Frost를 알게 되었다. 스키너는 프로스트에게 단편소설을 써 보냈고, 그로부터 칭찬을 받아 작가가 되기로 결심했다. 해밀턴 대학 영문과를 최우등으로 졸업한 후 1년 동안 쉬면서 집필 활동을 하고 싶다고 부모에게 말씀드렸다. 그래서 2년 간 글을 써 보았지만 별다른 소득이 없었고 당시 했던 독서가 인연이 되어 심리학을 전공하게 된다.

그는 이 시기에 행동주의에 대한 수많은 논문을 읽었으며 왓슨과 파블로프 같은 심리학의 대가들을 알게 되었다. 그는 행동주의에 흥미를 갖게 되었고, 그리하여 1928년 하버드 대학원 심리학과로 진학하게 된다. 그는 3년 후 박사 학위를 받고 박사후 과정을 마쳤다. 그러고 나서 1936년에서 1945년까지 미네소타 대학, 1945년부터 1947년까지는 인디애나 대학을 거쳐 하버드 대학 교수가 된다.

스키너는 대학원 시절 티치너의 수제자이면서 지각심리학 담당교수였던 보링Edwin Boring 교수의 지각 강의에 대해 감명받지 못하고 그 수업이 고통스러웠을 뿐이었다고 고백했으며, 그가 시각 착시를 설명하는 데 무려 세 개의 강좌를 할당한 데 대해 불평했다. 보링은 행동주의에 대해서는 전혀 관심 없었다고 하니 두 사람 간의 학문적 관심 차가 극명했음이 명백하다.

가장 중요한 스키너의 저서는 1938년에 출판된 『유기체의 행동The behavior of organism』이다. 이 책은 그가 8년 동안 하버드에서 수행했던 연구를 요약한 것으로, 출간 후 4년 동안 80권, 8년까지는 500권 정도밖에 팔리지 못했지만 15년 후에는 심리학을 바꾸어 놓을 만한 위대한 책이 되었다. 처음에는 지지부진했던 판매량이 늘어난 이유는 교육이나 임상심리학 같은 응용 분야에서 이 책이 유용했기 때문이다. 이런 현상은 스키너의 생각이 현실 문제를 풀어 가는 데 매우 적절하게 활용될 수 있다는 것을 의미하는 것이다. 1953년에 나온 『과학과 인간행동Science and human behavior』은 스키너 행동심리학의 기본 교과서가 되었다.

스키너는 86세에 백혈병으로 사망할 때까지 열심히 활동하였다. 평소 그는 그의 집 지하실에 정적 강화를 적절하게 이룰 수 있는 잘 통제된 환경인 스키너 상자Skinner's Box를 만들어 놓았다. 그는 노란색 플라스틱 탱크 속에 매트리스를 깔고 그 속에서 잠을 잤으며 벽에는 몇 권의 책과 작은 텔레비전 세트를 설치했다. 그는 매일 저녁 10시에 잠자리에 들어 세 시간 자고 일어나 한 시간 일하고, 다시 세 시간 자고 아침 다섯 시에 일어나 또 세 시간을 일했다. 그러고는 사무실로 가서 일하고 오후에는 음악을 들으면서 스스로를 강화했다.

스키너에 대한 평가

1991년에 실행된 한 연구에서는 스키너가 당대 심리학자들이나 역대 심리학자들 가운데 가장 영향력이 높은 인물로 평가되었다. 비록 이는 스키너가 사망했던 1990년에 조사되어 그에 대한 평가가 다소 부풀려졌던 것일 수는 있지만, 스키너가 심리학 분야에서 최고의 지위를 점하고 있었다는 것은 틀림없는 사실이다. 그러나 스키너가 같은 시대의 톨먼이나 헐과 달리 미국심리학회 회장을 역임하지 못했고, 미국 심리학회의 주요 학술지에 그의 연구가 거의 인용되지 않았다는 것은 매우 역설적이다.

스키너가 1938년에 펴낸 『유기체의 행동』과 1953년에 펴낸 『과학과 인간행동』 등은 그가 하버드 대학에서 행한 기존 실험 연구의 업적들이다. 하지만 그의 저술의 대부분은 행동의 실험적 분석만이 미래의 인간 복지에 도움을 줄 수 있는 유일한 희망이라는 것을 설득하는 데 중점을 두고 있다. 이러한 스키너식 행동주의 복음을 세상에 전파하여 보다 이상적인 사회를 건설하기 위한 그의 노력은 여러모로 비판을 받았다.

1958년 미국심리학회는 심리학의 발전과 젊은 심리학자들의 희망에 큰 기여를 했다는 뜻을 담아 그에게 공로상을 수여했다. 그리고 10년 후 미국 정부는 과학에 기여한 사람에게 주는 최고의 명예로운 상인 'National Medal of Science'를 수여했고 미국 심리학재단은 금메달을 수여했다. 스키너는 『타임Time』지의 표지에도 실렸다.

1990년 스키너가 사망한 후, 심리학계에서는 그의 여러 혁신적 업적에 대한 미묘한 관점들이 나타나기 시작했지만 20세기 후반에 그가 심리학계, 특히 실험심리학과 임상심리학에 미친 광범위한 영향력은 부정할 수 없다.

앨버트 반두라

Albert Bandura: 1925~

앨버트 반두라의 생애

앨버트 반두라는 캐나다 앨버타 주의 작은 시골에서 태어났다. 그가 졸업한 고등학교는 학생이 전부 스무 명뿐이었고 선생님도 단 두 분이었다. 그의 부모는 폴란드에서 이민 온 밀농사를 짓는 농부로 학교 교육을 거의 받지 못하였지만 자녀 교육에 대해서는 높은 가치를 두고 있었다. 반두라는 고등학교를 졸업한 후, 온갖 어려움을 경험했던 사람들이 모인 알래스카 고속도로 건설 현장의 노무자로 일했다. 반두라는 당시 일상생활의 모든 정신병리 현상을 가진 사람들의 무리 속에 자신이 서 있는 것을 발견하고, 마치 가혹하게 추운 툰드라(극한지)에 핀 꽃송이를 보는 듯했다고 회고했다.

그 후 반두라는 밴쿠버에 있는 브리티시 컬럼비아 대학에 진학하게 되었고, 처음 심리학개론을 듣고 난 후 장래의 직업을 심리학으로 정하겠다고 결심한다. 그 후 아이오와 대학에서 1952년 박사학위를 받고 스탠퍼드 대학으로 가서 세상에 이름을 떨치게 된다.

반두라에 대한 평가

전통적인 행동주의자들은 반두라의 사회인지 행동이론에서 주장한 것과 달리 신념이나 기대감과 같은 인지적 과정은 행동에 결정적인 원인이 되지 못한다고 비평한다. 그러나 반두라는 인지적 과정이 말할 때, 책 또는 논문을 쓰거나 자신의 신념을 표현하는 데 매우 중요한 영향을 미친다고 주장한다.

비록 반두라도 인간의 행동은 강화를 통해 변화될 수 있다는 스키너의 주장을 받아들였지만, 직접적 강화 없이도 모든 행동이 학습될 수 있다고 주장한다. 예컨대, 다른 사람의 행동을 관찰한다거나 행동의 결과로 일어나는 사태를 관찰하는 따위처럼 직접적인 보상경험 없이도 학습은 가능하다는 것이다. 다음 사진을 보면 취학 전 아동들이 어른의 공격행동을 관찰하고 모방하는 것을 볼 수 있다. 이를 두고 반두라는 대리보상vicarious reinforcement이라 불렀다.

사실 사회인지이론은 실험실에서 행동을 연구하거나 임상 장

위 사진은 취학 전 아동들이 어른의 공격행동을 관찰하고 모방하는 모습이다. 반두라는 이를 대리보상이라 불렀다.

면에서 행동을 수정할 때 효과적이란 점을 널리 인정한다. 반두라의 생각은 많은 동료 학자에게 널리 수용되어 확실한 지지를 받고 있다. 그는 1974년 미국심리학회에서 공로상을, 2006년에는 미국심리학재단의 금메달을 받는다.

반두라의 방법은 미국 심리학의 기능주의나 실용주의에도 잘 부합되고, 오늘날 유행하는 내적 인지 변인에도 초점을 두고 있으며, 실제 현실에도 잘 응용될 수 있다는 평가를 받고 있다.

줄리언 로터
Julian Rotter: 1916~2014

줄리언 로터의 생애

줄리언 로터는 미국 뉴욕 시의 브루클린에서 태어나 자랐다. 그의 가족은 대공황으로 인해 아버지의 사업이 파산되기 전까지 편안한 삶을 누리고 있었기에 13세 된 로터에게 아버지의 사업 파산은 너무나 큰 충격이었다. 그때부터 그는 사회적 불공평 문제에 관해 평생 관심을 갖게 되었고, 성격과 행동이 어떻게 상황적 조건에 영향을 받는가를 알아보게 되었다고 고백했다.

고등학교 재학 시절 그는 프로이트나 아들러가 쓴 정신분석학 책들을 접하게 되었고, 친구들과 꿈의 해석에 관한 놀이를 하면서 심리학자가 되기로 결심했지만 브루클린 대학의 화학과를 선택했다. 당시 심리학과를 졸업해서

는 취직하기가 쉽지 않다는 데 실망감을 느꼈기 때문이었다. 그러
나 결국 아들러를 만나 심리학과로 전과하게 되었다. 그는 심리학
에 흥미를 느껴 대학원에 진학하여 공부하기를 원했지만 유대인
에 대한 편견 때문에 목표가 좌절되었다.

로터는 1941년 인디애나 대학에서 박사 학위를 받고 코네티컷
주의 주립 정신병원에 취직한다. 그는 제2차 세계대전 중에는 미
육군에서 심리학자로 일했고, 1963년까지 오하이오 주립대에서
교수직으로 있다가 코넷티컷 대학으로 옮겨 온다. 1988년 그는
미국심리학회로부터 공로상을 받는다.

로터에 대한 평가

로터는 '사회학습이론'이라는 용어를 처음으로 사용했다. 그
는 행동주의에 인지 형태를 개발해 놓음으로써 극단적인 행동주
의를 배격했다.

그는 강화가 자신의 행동으로부터 온다고 믿는 사람을 내적
통제자internal focus of control, 운명, 행운 또는 다른 사람으로부터
온다고 믿는 사람을 외적 통제자external focus of control라고 불렀는
데, 내적 통제자가 외적 통제자에 비해 신체적으로나 정신적으로
건강하다는 결과를 보여 주었다. 그 후 많은 연구자가 되풀이하여
실험하면서 로터의 연구 결과를 거듭 지지하게 되었다.

게슈탈트
심리학자

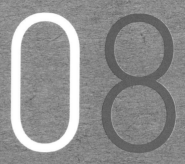

08

구성주의에 정면으로 반박하다 / **막스 베르트하이머**

미국에 게슈탈트 운동을 소개하는 데 앞장서다 / **쿠르트 코프카**

게슈탈트 운동의 지침이 되다 / **볼프강 쾰러**

인간의 행동은 그를 둘러싼 맥락 속에서
전체적으로 살펴야 한다 / **쿠르트 레빈**

우리는 앞에서 분트의 새로운 과학으로서의 심리학과 현대 심리학의 첫 학파로서 티치너의 구성주의 심리학을 살펴보았다. 이어서 진화론의 입장을 배경으로 미국에서 등장한 기능주의 심리학과 동물 행동 같은 객관적 추세를 반영하는 행동주의 심리학을 차례로 살펴보았다. 행동주의 심리학이 크게 번성하던 같은 시기에 독일에서는 형태주의 심리학이란 새로운 심리학이 등장하게된다. 형태주의 심리학도 행동주의 심리학처럼 구성주의에 정면으로 반대하는 심리학이다.

형태주의 심리학 또는 게슈탈트Gestalt 심리학이라 부르는 이심리학은 의식이 감각적 요소와 같은 것으로 구성되어 있다는 구성주의의 견해를 정면으로 공격한다. 다시 말해 감각적 요소를 심리학 연구의 기본으로 삼아야 한다는 견해에 반대 입장을 취한다. 예컨대, 형태주의 심리학의 창시자 중 한 사람인 볼프강 쾰러는 모든 심리적 사실이 생명 없는 원자들로 구성된다는 구성주의자의 견해에 충격을 받았다고 한다.

비록 형태주의 심리학이 구성주의의 입장에 반대한다는 점에서는 같은 시대 미국에서 일어난 행동주의와 일치하지만 각각의입장은 전혀 다르다. 형태주의 심리학은 의식을 원자나 요소 따위로 환원하는 데는 반대하지만 의식의 가치와 의미는 인정하는 반면, 행동주의자들은 과학적 심리학이 되기 위해 의식이라는 개념조차 인정하길 거부한다.

형태주의자들은 감각적 요소들이 결합되면 이들 요소와는 완전히 새로운 형태 또는 윤곽을 만들어 낸다고 믿는다. 예컨대, 개개 음조들(음악적 요소)이 모여 하나의 멜로디를 만들어 내는데, 이 멜로디는 개별적 음조들에서는 전혀 없는 새로운 성질의 것이 된다. 다시 말해, 전체는 부분의 단순한 합이 아니라는 것이다. 형태주의자들은 개별적 감각 요소보다 이 요소들이 합쳐져 하나의 새로운 전체를 이룰 때 나타나는 심리적인 현상에 주목해야 한다고 보았다.

형태주의 심리학을 발전시킨 대표적 심리학자들은 거의 동년배에 속하지만 굳이 나이순으로 본다면 막스 베르트하이머, 쿠르트 코프카, 볼프강 쾰러 그리고 쿠르트 레빈을 들 수 있다. 이들의 생애사를 먼저 살펴본 뒤에 형태주의 심리학의 주요 관점을 요약해 보기로 하겠다.

막스 베르트하이머

Max Wertheimer: 1880~1943

막스 베르트하이머는 체코 프라하의 부유한 유대인계 집안에서 태어났다. 18세에 프라하 대학에 들어가 처음에는 법학을 전공하였다가 곧 철학으로 전공을 바꾸었다. 그 후 베를린 대학으로 가서 철학과 심리학을 공부했고 뷔르츠부르크 대학으로 옮겨가 저명한 퀼페Oswald Külpe 교수의 지도로 1904년에 박사 학위를 받았다.

학위를 받은 후, 베르트하이머는 프랑크푸르트 대학으로 가서 심리학 연구와 강의에 몇 년간 몰두하였다. 1910년경에는 가현운동apparent motion 이라는 지각적 문제에 매료되었다. 가현운동은 이미 현상적으로는 잘 알려져 있고, 당시 새로 일어나는 영화 산업의 핵심이 되는 것이어서 주목을 끌었다. 가현운동이란 어두운 방 안에서 가까이 놓여 있는 두 개의 전구를 차례대로 켰다 껐다를 반복하면 두 불빛이 하나의 불빛이 움직이는 것처럼 지각되는 것을 말한다. 다시 말해, 두 개의 개별적인 감각 사건이 마치 하나의 연속되는 사건처럼 지각되는 것이다. 이때 중요한 것은 두 불빛 사이의 간격이 200밀리세컨드 이상이 되면 독립적인 두 개의 불빛으로, 60밀리세컨드 이하가 되면 연속적인 것으로 지각된다는 것이다.

당시 베르트하이머의 연구에는 볼프강 쾰러와 쿠르트 코프카가 피험자로 참여하여 실험을 도왔는데, 그들이 한 실험의 결과는 1912년 「운동지각에 관한 실험연구Experimental studies of the perception of movement」라는 논문으로 발표되었다. 그런데 이 논문에서 전체는 부분의 합과는 다를 뿐만 아니라 부분 자체가 전체의 고유한 성질에 따라 결정된다는 생각을 제시함으로써 구성주의에 정면으로 반박하게 된다.

베르트하이머가 프랑크푸르트 대학에서 연구와 강의에 몰두하고 있을 때 제1차 세계대전이 발발하였다. 그는 군에 입대해서 잠수함이나 항만에서 적군의 음파를 탐지하는 청음장치 개발 프로젝트에 참여한다. 전쟁이 끝나는 1920년대에는 베를린 대학의 심리학 연구소로 옮겨 가 게슈탈트 심리학의 발달에 주도적인 역할을 한다.

베르트하이머가 베를린 대학 심리학 연구소에서 일하고 있을 당시 그의 사무실 벽은 온통 밝은 선홍색으로 칠해져 있었다고 한다. 밝은 색깔이 자극적이라는 것을 발견했기 때문이다. 그는 "방의 벽 색깔이 회색이나 기타 어두운 색깔이면 붉은색과 같은 흥분시키는 색깔로 칠했을 때보다 일을 잘할 수 없을 것"이라고 말했다.

1929년 베르트하이머는 프랑크푸르트 대학 심리학 과장이었던 슐만 교수가 은퇴하자 그 자리를 계승하게 되었다. 만약 나치의 등장만 없었더라도 그는 아마 은퇴할 때까지 프랑크푸르트 대학의 심리학과에 재직했을 것이다. 베르트하이머는 게슈탈트 심리학 연구에서도 이름난 심리학자였지만 강의 스타일이 독특하고 인상적인 것으로 유명했다. 그의 강의는 매우 자극적이었는데, 당시 그의 강의를 들었던 어떤 학생은 강의가 너무나 자극적이고 인상적이어서 쉽게 알아들을 수 있었다고 극찬했는가 하면, 또 어떤 학생은 그의 강의가 불명확하고 혼란스러웠다고 불평했다.

베르트하이머의 열정과 열의, 확신에 매료되었던 어떤 여학생은 다음과 같이 언급했다.

처음에는 그가 무엇을 말하는 것인지 명확하게 잘 알아듣지 못하였지만 6개월 동안 일주일에 두세 번 강의를 듣다 보니 그의 강의 내용을 잘 알아차리게 되었다. 이때쯤 되면 그의 강의에 도취되고, 삶이 전면적으로 바뀌기 시작하며, 마침내는 인생관이 온통 뒤바뀌게 된다. 너무나 갑자기 모든 것이 광채가 나고, 활력을 느끼고 의미를 갖게 된다.

이렇게 말했던 22세의 그 여학생은 43세의 베르트하이머와 결혼하게 된다. 베르트하이머가 그녀에게 "나는 언제나 책상에 붙어 앉아 게슈탈트(형태)이론 만들기에 여념 없을 것"이란 말을 거듭 했음에도 끝내 결혼한 것이다. 사실 그는 자신이 말한 대로 가정 일이나 가족에게는 별 관심 없이 오직 게슈탈트이론 만들기에만 전력을 다했을 뿐이었다.

1921년 베르트하이머, 코프카, 쾰러 등이 주가 되어 『심리학연구Psychologische Forschung』라는 학술지를 만들었는데, 이것이 형태주의 심리학의 공식 학술지가 되었다. 이 학술지는 1938년 나치 정부에 의해 발간이 강제 중단되었다가 1949년 종전 후에 속간되었다.

베르트하이머는 1933년 나치 정부의 탄압으로 절친한 친구인 아인슈타인 등과 함께 뉴욕으로 망명하였고, 그는 뉴욕 시에 있는 뉴 스쿨 포 소셜 리서치New School for Social Research 대학원에서 10년간 교수로 머물다가 사망하게 된다. 비록 미국에서도 그의 연구는 활발했지만 새로운 언어와 문화에 적응하는 데 많은 어려움이 있었다.

형태주의 심리학자들이 독일에서 추방당한 후 60년이 지난 1994년 프랑크푸르트 대학에서는 막스 베르트하이머 기념강연 시리즈를 개설하게 되었고, 베르트하이머의 아들인 미카엘이 옛날 자기 아버지가 강의하던 강의실에서 아버지의 명예를 기리기 위한 기념강연을 했다.

베르트하이머는 젊은 심리학자 에이브러햄 매슬로를 너무나 큰 감명 속에 빠뜨렸는데, 그의 강의에 감명받은 매슬로는 베르트하이머의 심리 특성을 연구하기 시작했다. 베르트하이머 외에 몇몇 위대한 인물의 심리 특성을 연구한 후, 매슬로는 자아실현self-actualization이라는 심리학의 새로운 개념을 개발했고, 나아가 인본주의 심리학이라는 새로운 심리학 학파를 탄생시켰다.

쿠르트 코프카

Kurt Koffka: 1886~1941

쿠르트 코프카는 베를린의 유대계 가정에서 태어났으며, 스코틀랜드의 에든버러 대학에서 1년을 보낸 것을 제외하면 줄곧 베를린 대학에서 과학과 철학을 공부했다. 코프카는 베를린 대학에서 카를 스튬프Carl Stumpf 교수의 지도로 1909년 박사 학위를 받았다. 1910년부터 프랑크푸르트 대학으로 와서 베르트하이머를 만나 쾰러와 함께 앞서 언급한 가현운동 실험 연구에 참여한다. 이를 계기로 세 젊은 심리학자인 베르트하이머, 쾰러, 코프카는 가장 친밀한 인간관계를 맺으면서 지속적으로 협력하며 연구하게 된다.

1911년 코프카는 프랑크푸르트에서 40마일 떨어진 곳에 있는 기센 대학으로 옮겨 가서 1924년까지 머물게 된다. 기센 대학에서는 소리의 위치 파악이나 기억 같은 주제에 대하여 지속적으로 연구하면서 논문을 발표하였다.

제1차 세계대전 시에는 전쟁에서 뇌를 다친 환자와 실어증을 보이는 환자들을 대상으로 연구를 했다. 1921년 그는 게슈탈트 개념들을 발달심리학 분야로 확장시켜 『마음의 성장The growth of mind』이라는 책을 저술하기도 했다.

베르트하이머, 코프카, 쾰러, 이 세 게슈탈트 심리학자 가운데 게슈탈트 운동을 미국에 소개하는 데 가장 큰 역할을 한 사람은 코프카였다. 그는 1922년 미국 심리학회지의 하나인 『심리학회보 Psychological Bulletin』에 「지각: 게슈탈트이론 입문Perception: An introduction to the Gestalt-theorie」이라는 논문을 발표했다. 코프카는 자신들의 게슈탈트 심리학 운동이 심리학 전반에 적용될 수 있다고 생각하면서 이 논문을 썼지만, 불행히도 미국 심리학자들에게 게슈탈트 운동이란 단지 지각심리학에만 국한되는 운동으로 잘못 인식되는 결과를 낳게 되었다. 사실 오늘날의 심리학 개론서에서 여전히 게슈탈트 심리학을 지각과 관련된 한 이론 정도로만 다루고 있는 것도 바로 이런 오해 때문에 생긴 일이다.

사실 게슈탈트 심리학은 인지 과정, 사고 문제, 학습 그리고 의식 경험의 여러 영역에 걸쳐 광범위한 주제를 다루고 있다. 코프카는 1924년 30개 대학의 캠퍼스를 순회하는 강연을 시작으로, 1925년에는 미국심리학회 연례대회에서 초청 연설을 하였고 코넬 대학과 위스콘신 대학에서는 초청 교수로 임명되면서 게슈탈트이론을 미국에 전파하려고 노력했다. 그는 1927년 미국으로 이민 가서 매사추세츠에 있는 스미스 대학에 교수직으로 임용되어 1941년 사망할 때까지 그곳에 머물렀다. 유명한 심리학자로 유아의 깊이 지각을 연구한 엘리너 깁슨Eleaner Gibson이 바로 코프카가 스미스 대학에 있을 때 가르친 제자 중 한 명이다.

　1935년 그는 『게슈탈트 심리학의 원리Principles of Gestalt psychology』라는 다소 어려운 책을 저술했다. 이 책은 미국인들에게 게슈탈트주의자들은 경험적 자료보다는 이론에 더 깊은 관심을 갖고 있다는 인상을 심어 주는 역할을 했다. 그 당시 대부분의 미국 심리학자가 행동주의 계열에 서 있었던 까닭에 그의 저서는 미국인에게 어려웠고 큰 감동도 주지 못했다.

볼프강 쾰러
Wolfgang Köhler: 1887~1967

볼프강 쾰러는 게슈탈트 운동의 전개에 가장 활발한 모습을 보여 준 인물이다. 그가 정성들여 쓴 책들이 게슈탈트 심리학의 표준 교과서가 되었고 게슈탈트 운동의 지침이 되었다. 그는 막스 플랑크Max Plank연구소에서 물리학 훈련을 받아 심리학도 물리학처럼 부분들 간에 연결이 이루어져야 한다고 믿었으며, 어떤 형태 (게슈탈트 또는 패턴)도 물리적 · 심리적 연결이 일어나야만 한다고 보았다.

쾰러는 에스토니아에서 태어났고 5세 때 독일의 북부 지방으로 이사를 왔다. 그는 대학교육을 튀빙겐, 본, 베를린 대학으로 옮겨 다니면서 받았고, 1909년 베를린 대학에서 코프카의 지도교수였던 카를 스튐프 교수의 지도로 빅사 학위를 받았다. 학위를 마치고는 프랑크푸르트 대학으로 가서 베르트하이머와 코프카를 만나 공동 연구를 하게 된다.

1913년 쾰러는 프러시아 과학 아카데미Prussian Academy of Science가 아프리카 북서쪽 대서양에 있는 카나리아 군도의 테네리페섬에 설립한 영장류 연구소의 영장류 행동 연구를 주도해 달라는 요청을 받고 수락한다. 그가 이 섬에 도착한 지 6개월 만에 제1차 세계대전이 발발했는데, 그 섬에 머물던 독일 사람들은 모두 모국으로 돌아갔지만 쾰러 가족과 유인원만 그곳에 그대로 남게 되었다.

그가 이 섬에서 지내는 동안 원숭이의 행동 관찰 연구만 한 것이 아니라 독일의 스파이 역할을 했다는 설이 1970년대에 제기되어 큰 논란이 일었다. 로널드 레이Ronald Ley라는 심리학자가 1975년 테네리페섬을 방문하였다가 60여 년 전 쾰러의 유인원 연구소가 있었던 자리를 찾으려고 하던 중 한 원주민 노인을 만났다. 이 노인은 쾰러가 테네리페섬에서 유인원을 연구하고 있을 때 유인원을 돌봐 주던 동물사육사였다. 그 노인의 회상에 의하면 쾰러가 동물들을 데리고 연구하는 것을 좋아하는 듯 보였지만 혼자서는 동물 우리에 들어가지 않고 우리 밖에서만 동물들의 행동을 관찰했다고 한다. 또한 쾰러가 독일의 스파이 짓을 했다는 증거로 강력한 라디오 트랜스미터를 그가 사는 집의 다락방에 숨겨 놓고 연합군의 선박 움직임을 알려 주는 데 사용했다고 한다. 2006년 미국의 심리학자들이 쾰러가 머물렀던 집을 찾아가 면밀히 조사해 본 결과 그 집은 해안가 절벽에 위치하고 있어 바다에서의 선박 움직임을 잘 포착할 수 있었다. 그래서 쾰러가 정말 간첩용 비밀 트랜스미터를 사용했다고 한다면 가장 이상적인 관찰 장소가 되었을 것이라고 추측했다. 그러나 쾰러가 정말 스파이였는지 아닌지의 논란은 그가 사망한 지 수십 년이 지나 일어났기에 그 진위를 증명하기는 어렵다.

쾰러가 스파이 역할을 했든, 아니면 단지 전쟁으로 버려진 한 사람의 과학자였든 간에 7년 동안 테네리페섬에서 유인원의 행동을 관찰한 것은 분명한 사실이다. 그는 그동안의 연구 기록을 『유인원의 심성The mentality of apes』이란 책에 담아냈다. 이 책의 초판은 1917년 쾰러가 테네리페섬에 머물고 있을 때 쓴 것이고, 2판은 귀국한 후인 1924년에 썼으며, 바로 영어판과 불어판이 나왔다. 그러나 쾰러는 처음에는 유인원 연구에 흥미를 느꼈지만 얼마 지나지 않아 동물 실험에 대해 지루함을 느꼈다고 밝혔다.

1920년 쾰러가 테네리페섬에서 독일로 돌아올 때 데리고 온 침팬지는 베를린 동물원에 팔았지만 기후 변화에 잘 적응하지 못해 오래 살지 못했다.

2년 후 쾰러는 자신의 지도교수였던 베를린 대학의 스튬프 교수를 이어 교수가 된다. 이미 같은 학과에 베르트하이머 교수도 있었고 젊고 영리한 쿠르트 레빈도 있었다. 이들은 모두 게슈탈트주의자들로서 이 운동의 전성기를 이루어냈고, 이는 10여 년간 지속되었다. 그들의 연구는 『심리학 연구』에 발표되었으며 그들의 제자들이 독일 여러 대학의 교수가 되어 게슈탈트 운동을 확산시켰다.

1920년대 중반 쾰러는 첫 번째 부인과 이혼하고 스웨덴 부호의 딸이었던 그의 제자와 재혼한다. 재혼한 후에는 전처와 그 사이에서 난 네 아이와의 관계가 완전히 끊기게 된다. 60년이 지난 후 두 번째 부인은 한 인터뷰에서 쾰러는 원칙적으로 결혼을 반대했으며 그 이유는 자신의 자유가 구속되기 때문이라고 했다. 그는 가정생활을 좋아하지 않았으며, 모든 사람은 자유로워야 한다고 생각했다. 쾰러는 나이 들어 가면서 손을 떠는 수전증을 보였는데 점점 상태가 악화되어 갔다. 더구나 기분이 좋지 않을 때는 더욱 심하게 떨었다. 그래서 그의 조교는 매일 아침 그의 손 떨림 정도를 보고 그의 기분 상태를 알아차렸다고 한다.

그러나 이 모든 영광과 열정 그리고 꿈은 나치의 등장으로 끝장이 났다. 쾰러는 1935년 미국으로 이민을 떠났는데 세 명의 게슈탈트 동지 중 마지막으로 독일을 떠난 것이었다. 그는 유대인 출신이 아니었으므로 베르트하이머나 레빈이 직면했던 위험에는 처하지 않았다. 그럼에도 나치가 저지른 학문적 파괴에 경악하여 나치에 대한 비판적 발언을 여과 없이 쏟아내었다.

1935년 쾰러는 히틀러에 대한 충성 맹세를 거부한 뒤 애착을 가졌던 베를린 대학 심리학 연구소 소장직을 사퇴하고 미국으로 이민을 간다. 펜실베이니아 주에 있는 스와스모어 대학에서 1958년 은퇴할 때까지 머물며 연구하고 집필한다. 1956년에 그는 미국심리학회의 공로상을 받고, 1959년에는 미국심리학회 회장이 된다.

쿠르트 레빈
Kurt Lewin: 1890~1947

게슈탈트 심리학은 분자적 원소들의 단순한 결합보다는 원소들 사이의 역동적 관계를 중시한다. 오늘날 심리학에서 요소들 간의 역동성을 중시하는 장이론field theory은 기본적으로 쿠르트 레빈이 제안한 것이다.

레빈은 프러시아의 모길노에서 태어났다. 유대계 상인의 아들로 태어난 그는 당시 유행하던 반유대주의 분위기 속에서 어린 시절을 보냈고, 15세에는 베를린으로 이사를 갔다. 프라이부르크, 뮌

헨 그리고 베를린 대학에서 공부했고 그곳에서 저명한 스튬프 교수의 지도로 1914년 박사 학위를 받았다. 그는 수학과 물리학에 관한 훈련도 받았다. 제1차 세계대전 중에는 독일 육군으로 복무하다가 전투 중 참호 속에서 전상을 입어 철십자 훈장을 수여받았다.

전쟁이 끝난 후 베를린 대학으로 돌아

와 게슈탈트적 관점에서 연상과 동기 분야를 연구하는 데 흥미를 보였다. 이때 그는 너무나도 열심히 연구해서 게슈탈트의 창립자들인 베르트하이머, 코프카, 쾰러 같은 대가들과 동료 연구자로 여겨질 정도가 되었다. 그는 1929년 미국 예일 대학에서 있었던 국제심리학대회에서 미국 심리학자들에게 그가 처음 개발한 장이론을 소개하였다.

1932년 스탠퍼드 대학에 방문교수로 갔을 때는 이미 많은 미국 심리학자가 레빈을 알고 환영해 주었다. 1933년 나치의 협박 때문에 독일을 떠나기로 마음먹은 레빈은 쾰러에게 "나는 비록 나의 인생이 부서지는 일이 있더라도 이민 가는 길밖에 다른 도리가 없는 것 같다."고 고백했다. 미국으로 건너가 처음 2년은 코넬 대학에서 보내다가 아이오와 대학으로 가서 9년을 머물면서 아동에 관한 사회심리학적 연구를 했다. 그 후 MIT에 새로 만들어지기로 예정되어 있던 집단역동연구소Research Center for Group Dynamics에 교수로 초빙받아 1944년 보스턴의 MIT로 갔지만 몇 년 있지 못하고 심장마비로 사망하였다.

레빈은 앞서 살펴 본 세 사람의 게슈탈트 창시자보다는 경험적 연구를 더 많이 했지만, 그들과 마찬가지로 이론가로 평가받고 있다. 레빈이 남긴 업적 가운데 가장 두드러진 것은 장이론으로, 이 이론은 오늘날의 심리학에서도 유용하게 사용된다. 장이론은 어떤 사람의 행동을 이해하기 위해서는 주어진 순간 그 사람에게 작용하는 모든 힘을 알아야만 한다는 것이다.

레빈은 어떤 사람이 움직이는 특정한 장면을 생활공간^{life} space이라 명명했다. 이 생활공간이 그의 이론에서 중심이 되는 개념이다. 특정한 순간 한 개인의 행동 B를 결정하는 것에는 사람 요인 P와 환경 요인 E가 포함된다. 사람 요인에는 그 사람의 성격, 욕구, 목표, 신념과 같은 요인이 포함되고, 환경 요인에는 그를 둘러싸고 있는 물리적 환경뿐만 아니라 그가 지각하는 환경, 행동에 영향을 주는 심리적 환경 요인들이 포함된다. 따라서 그는 행동 B를 행동하는 사람의 특성 요인 P와 그 사람을 둘러싸고 있는 심리적 환경 특성의 요인 E들이 갖는 함수 F, 즉 B=f(PE)라는 공식으로 설명한다. 이것이 레빈 심리학에서 가장 두드러지는 장 이론의 핵심이다.

레빈은 30여 년간의 연구 활동을 통해서 인간의 행동은 그를 둘러싼 물리적, 사회적 맥락 속에서 전체적으로 살펴야 한다고 주장하는데, 이것은 크게 보아 인간의 동기라는 영역에 속하는 것이다. 그는 심리학이 실제로 우리가 어떻게 살아가고 일하는가에 영향을 주는 사회적 이슈에 초점을 두는 실용적인 것이 되어야 한다고 주장한다. 그래서 그는 일을 하는 것이 단순히 돈을 벌기 위한 수단이 아니라 개인에게 만족감을 주는 동기적 원천이라고 본다.

게슈탈트 심리학이 심리학에 미친 영향

게슈탈트 심리학은 1910년부터 1912년까지 베르트하이머가 코프카와 쾰러의 도움을 받아 가현운동에 관한 연구를 수행할 때 시작되었다.

먼저 파이 현상이라고도 부른, 가현운동은 개개의 분리된 독립적인 불빛을 일정한 시간 간격을 두고 연속적으로 제시하면 하나의 불빛이 움직이는 것처럼 지각하는 것을 말한다. 이처럼 하나의 전체로 지각하는 경험은 하나하나의 개별적 요소들로 분석될 수 없고, 베르트하이머는 전체는 부분들의 합과 다르며 전체가 부분의 성질을 결정한다는 결론을 내렸다.

게슈탈트 심리학의 또 다른 발견은 지각에 관한 것이다. 베르트하이머는 지각이 체계화되는 것에 대한 몇 가지 법칙을 설명하였다. 즉, 전경과 배경의 관계, 근접성과 유사성에 의한 집단화, 연속성 등이 그것이다. 우리는 자극을 지각할 때 빈 곳을 채움으로써 보다 완전한 도형으로 지각하려는 경향이 있다. 이러한 현상을 프래그난츠prägnanz 현상이라 한다. 그밖에 게슈탈트 심리학자들은 뇌 과정

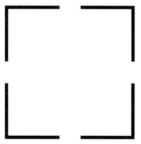

우리는 자극을 지각할 때 빈 곳을 채움으로써 보다 완전한 도형으로 지각하려는 경향이 있다. 이러한 현상을 프래그난츠 현상이라 한다.

은 심리적 경험을 복제한다는 동형이성isomorphism, 즉 하나의 특정 사건에서 일어나는 경험의 조직(심리적 현상)과 그 바탕에 있는 생리학적 사실은 동일한 구조를 가지고 있다는 입장을 취한다.

게슈탈트 심리학의 세 번째 두드러진 발견은 학습에서의 게슈탈트적 현상의 발견이다. 앞서 우리는 쾰러가 카나리아 제도의 테네리페섬에서 7년이나 머무르며 유인원의 학습 행동을 연구하였다는 것을 알아보았다. 이 연구들은 동물 우리 안과 밖에서 행해졌는데, 우리 주변에는 동물이 바깥으로 나오지 못하도록 가장자리에 철장을 설치하였고, 바나나, 바나나를 끌어오기 위한 대나무 막대기들, 천장에 매달려 있는 바나나에 접근하기 위해 기어 올라갈 수 있도록 하는 작은 나무 상자들을 놓아두었다.

이런 상황에서 여러 가지 실험을 했는데 그 중 한 실험은 다음과 같았다. 우

테네리페섬에 설립한 영장류 연구소에서 수행된 영장류 행동 연구

선 바나나를 높은 천장 위에 매달아 두고 대나무 막대들을 우리 속에 넣어둔다. 침팬지는 바나나를 따 먹기 위해 먼저 상자를 쌓아올리고 난 후 그 위에 올라가 막대 하나로 바나나를 따려고 하지만 막대의 길이가 짧다는 것을 알게 된다.

몇 번의 시도 끝에 침팬지는 바나나를 따기 위해서는 두 개의 막대를 서로 끼워 결합시켜야만 한다는 통찰을 하게 되고, 두 막대를 연결하여 바나나를 가져올 수 있게 된다. 문제를 해결하기 위해 침팬지는 두 막대 사이의 새로운 관계성을 알아내지 않으면 안 되는 것이다. 쾰러의 침팬지는 두 막대를 갖고 놀다가 우연하게 서로 결합될 수 있다는 것을 알게 된 후, 머뭇거림이나 시행착오 없이 연결된 막대를 가지고 바나나에 접근하여 바나나를 딸 수 있었다.

쾰러는 엄격한 실험 절차, 실험 설계 통제군이나 통계 분석 없이 이 실험을 행하였다. 실험 상황 속에 주어진 여러 요인이 결합되어 새로운 관련성을 형성하게 되었을 때 문제 해결이 이루어진다는 것을 발견하게 된 것이다. 쾰러는 이와 같은 문제 해결의 과정을 설명하기 위해 통찰Insight이라는 용어를 사용했다. 쾰러가 발견한 통찰은 동물 학습에 대한 손다이크의 시행착오 학습을 부정하고 새로운 학습이론의 모형이 되었다.

게슈탈트 운동은 심리학에 큰 영향을 남겼다. 특히 지각, 학습, 사고, 성격, 사회심리학, 동기 분야의 연구에 새로운 지평을 열었다. 같은 시대에 등장해서 서로 경쟁적인 관계에 있던 행동주의와는 판이하게 심리학 전반에 걸쳐 영향을 주기보다는 앞서 든 몇몇 특정 분야에 국한하여 영향을 준 것이다.

의식의 경험에 관한 게슈탈트주의자의 관점은 분트와 티치너의 견해와 다르며 오히려 후설Edmund Husserl과 같은 현상주의 철학자의 견해와 유사하다. 게슈탈트 심리학자들은 의식 경험은 언제나 자연스럽게 일어나는 것이므로 연구의 주제로 합당하다는 것이다. 그러나 게슈탈트주의자들은 의식 현상의 연구를 외면적 행동을 연구할 때 사용하는 행동주의자들의 방법과는 달리해야 한다고 생각한다.

오늘날 심리학에서 현상학적 입장은 미국에서보다는 유럽 쪽에서 널리 수용되고 있다. 그러나 앞으로 보게 될 인본주의 심리학에서도 현상학적 입장을 수용하고 있고 현대 인지심리학의 다양한 입장도 게슈탈트주의에서 비롯되었다는 점을 주목할 필요가 있다.

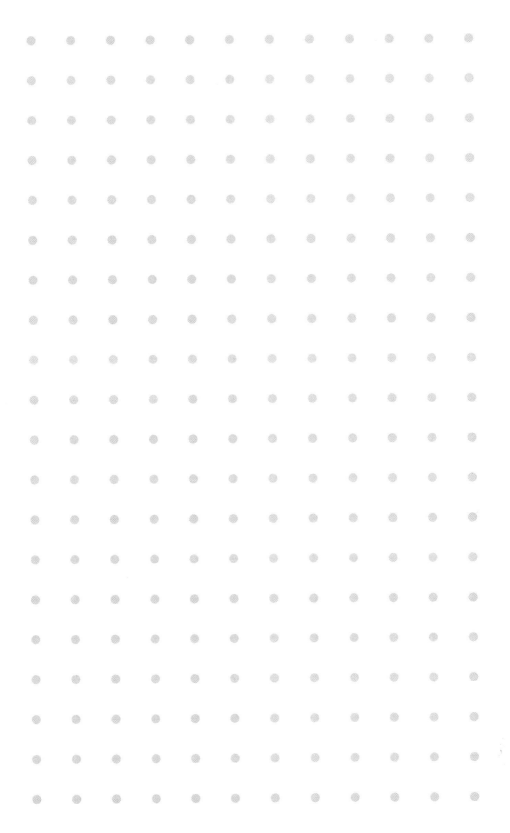

프로이트의
정신분석학

09

인간은 무의식의 지배를 받는 존재다 / **지그문트 프로이트**

지그문트 프로이트
Sigmund Freud: 1856~1939

정신분석학의 등장

많은 사람이 20세기 가장 영향력 있는 인물로 프로이트를 언급한다. 의학, 심리학, 철학, 문학, 종교학, 사회과학 등 다양한 분야에서 그의 이름과 업적, 즉 정신분석학이 언급되고 있다. 심리학의 역사 속에서 가장 두드러진 업적을 쌓은 분트나 티치너, 왓슨, 스키너와 같은 기라성 같은 심리학자들에 대한 일반인들의 인지도는 프로이트에 비해 한참 낮다.

프로이트는 세계적인 시사주간지 『타임』에 세 번이나 표지인물로 나왔고, 탄생 150주년이 되는 2006년에는 『뉴스위크Newsweek』의 표지에도 등장했으며, 일간지 『월스트리트저널 The Wall Street Journal』은 편집사 칼럼을 통해 그를 자세하게 소개하였다. 이처럼 프

로이트는 사람들이 생각하는 방식을 크게 바꾸어 놓은 인류 문명사에 두드러진 인물 중의 한 사람임이 틀림없다.

프로이트는 인류 역사상 사람들의 마음을 크게 바꾸어 놓게된 세 번의 계기가 있었다고 말한다. 첫 번째는 코페르니쿠스의 지동설이다. 지구가 우주의 중심이 아니라 태양의 주변을 도는 수많은 혹성 가운데 하나일 뿐이라는 것이다. 두 번째는 다윈의 진화론이다. 인류는 창조된 특권을 가진 유일한 종이 아니라 낮은 형태의 동물들로부터 진화되어 온, 동물들 종 가운데 가장 높은 단계에 속하는 종이라는 것이다. 마지막으로, 우리는 이성적인 힘에 의해 지배되는 것이 아니라 잘 의식하지 못하는 무의식적인 힘에 의해 영향받고 지배받는 존재라는 것이다. 이 세 번째 무의식의 세계를 인류에게 펼쳐 보여 준 덕분에 프로이트는 20세기 현대 예술에 가장 큰 영향을 끼친 인물로 꼽혔다.

1895년 프로이트 나이 39세에 생애 처음으로 저서를 출간했는데, 이 해를 정신분석학 운동의 공식 원년으로 삼는다. 이 해에 분트는 63세였고 분트의 수제자인 티치너는 28세로 코넬 대

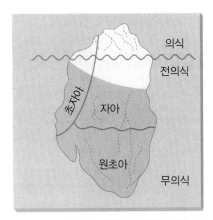

프로이트는 우리가 이성적인 힘에 의해 지배되는 것이 아니라 잘 의식하지 못하는 무의식적인 힘에 의해 영향받고 지배받는 존재라고 주장했다.

학 교수로 부임한 지 2년밖에 되지 않았을 때이며 아직 기능주의 심리학의 꽃도 피지 않았을 때다. 또한 1895년에는 행동주의 창시자 왓슨이 17세, 게슈탈트 창시자 베르트하이머는 15세의 소년에 불과했다.

이때부터 프로이트가 사망하는 1939년까지 약 45년간 심리학의 세계는 엄청난 변화의 소용돌이에 휩싸이게 된다. 분트와 티치너의 구성주의 심리학이 영광 뒤에 쇠락의 시기에 접어들었고 기능주의의 급속한 파급과 행동주의의 과격한 부상 및 독점적 지배, 게슈탈트의 파급 등이 나타났던 심리학 역사의 역동기였다.

반세기에 걸쳐 이러한 심리학의 역동적 물결은 지나갔지만, 정통 심리학은 여전히 학문적 영역에서 벗어나지 못한 채 논란의 중심 화두로 분트와의 견해 차가 언급되고 있을 뿐이었다. 그래서 오늘날 심리학의 연구 주제는 감각, 지각, 학습과 같은 실험실 연구가 중심을 유지하고 있는 데 반해 정신분석학은 정신장애를 보이는 임상 환자를 치료하기 위한 의학적 관심거리에 머물고 있다. 따라서 정신분석학은 전통적인 심리학의 학파들과 직접 비교하기가 어렵다. 정신분석학은 실험실의 과학적 연구라기보다는 임상 장면에서의 관찰 위주이고, 정통 심리학파들이 다루지 않았던 무의식이라는 마음의 주제를 다룬다는 특색이 있다.

정신분석학 등장 전의 정신병리학

정신분석학이 등장하기 전까지 선행했던 세 가지 중요한 정신사적 견해를 고려해야 한다. 첫째는 무의식적 심리 현상에 관한 철학자들의 견해, 둘째는 정신병리에 관한 초기 단계의 견해, 셋째는 진화론의 영향이다.

먼저 무의식적 심리 현상에 관한 철학자들의 관심부터 살펴보자. 18세기 초 독일의 철학자 라이프니츠Gottfried Wilhelm Leibniz는 모나드monad라는 개념을 개발했는데, 이것은 물리적 성질을 갖는 원자는 아니지만 모든 실체의 기본을 이루는 개별적 요소로 간주되었다. 그러므로 모나드는 정신적인 성질을 갖는 것으로도 볼 수 있는데, 이들 모나드가 충분히 많이 모여들면 확장성을 띤다는 것이다. 라이프니츠는 모나드의 활동으로 인해 정신적 사건이 일어나는데, 이때 일어나는 정신적 사건은 무의식적인 것에서 출발하여 분명하게 의식되는 정신현상으로 변화되는 것으로 보았다.

한 세기가 지난 후 독일의 철학자 헤르바르트Johann Friedrich Herbart는 라이프니츠의 모나드 개념을 더욱 발전시켜 의식과 무의식을 구분하는 기준을 설정하였다. 그는 역치threshold라는 개념을 도입하여 모나드의 밀집이 늘어나 어떤 한계, 즉 역치를 넘어설 때는 의식이 되고, 넘어서지 못할 때는 무의식으로 머물게 된다고 했다.

　무의식은 프로이트가 정신분석학 운동을 전개하는 1890년대에 이미 유럽의 철학자나 물리학자들이 널리 사용하던 개념이었다. 그러므로 무의식이란 개념이 프로이트에 의해 처음으로 고안되어 사용된 것이 아니란 점은 분명하다.

　다음의 중요한 계기로는 정신장애, 즉 정신병리에 관한 초기의 개념이다. 정신장애자에 대한 치료의 역사는 기원전 2,000년경부터 시작된다. 바빌로니아 사람들은 정신장애가 일어나는 것이 악마에 붙잡혔기 때문이라 생각해서 기도와 주술을 통해 용서를 받음으로써 치료될 수 있다고 믿었다.

　히브리 문화에서는 정신장애가 죄를 저지른 데 대한 징벌이기 때문에 주술과 기도로서 치료될 수 있다고 생각했다. 소크라테스, 플라톤, 아리스토텔레스와 같은 희랍 철학자들은 정신장애가 잘못된 사고 과정 때문에 일어난다고 보고, 설득력 있고 치유적인 언어의 사용을 정신치료의 처방으로 제시했다.

　기독교가 어느 정도 자리를 잡은 4세기경에는 정신장애가 나쁜 영spirit 때문에 발생한다고 보았기에 악마에게 사로잡힌 나쁜 정신을 저주와 고문으로 내쫓아야 한다고 믿었다. 이런 저주와 고문에 따른 치료 방법이 천 년 동안 지속되었다. 15세기부터 300여 년 동안 종교재판소에서는 정신장애 징후가 확인되면 가차 없이 처벌했는데, 이때는 가혹한 처벌만이 유일한 치료법이었다.

　18세기가 되어서야 비로소 정신장애를 비합리적인 행동에 기인하는 것이라고 간주하기 시작했다. 이때는 정신장애자를 감옥과 유사한 특별 시설에 감금했다. 비록 죽을 정도로 심한 고문은 가하지 않았지만, 아무런 의학적 처치 없이 구금 상태로 방치하였다.

나폴레옹의 혁명 시절 필립 피넬^{Philippe Pinel}이란 프랑스 의사가 정신장애를 자연과학적 방법으로 치료할 수 있는 자연적 현상으로 간주해야 한다고 주장했다. 그래서 환자들을 묶었던 쇠사슬을 풀어 주고 목욕도 시켜 주고 그들의 불만을 경청하는 시간도 가지도록 했다. 그는 정확하게 증세를 기술한 사례집과 치료 기록도 남겼다. 피넬은 자신의 치료 프로그램을 '도덕적 치료'라고 불렀다. 프랑스 대혁명 와중에 이러한 도덕적 치료가 이루어진 것은 계몽운동적 신념과 억압받는 자를 해방시켜야 한다는 당시의 시대정신이 반영된 것이었다.

미국에서 정신장애자의 치료에 과학적 접근을 처음 시도한 사람은 벤저민 러시^{Benjamin Rush}라는 의사였다. 그는 미국 독립선언서에 서명한 저명인사로, 미국 독립전쟁 당시 미군의 의무감이었으며, 현대 정신의학의 아버지라고도 불린다. 러시는 그 당시 대학에서 정식으로 의학교육을 받은 극소수의 의사 중의 한 사람이었다.

러시는 대부분의 질병이 혈액과 순환계의 문제에서 생긴다고 믿었다. 그래서 그는 병든 혈액이나 과잉한 혈액을 몸 바깥으로 뽑아내는 사혈법을 통하여 치료할 수 있다고 믿었다. 러시는 정신병도 혈액이 지나치게 많다거나 지나치게 부족하여 생기는 것이라고 믿어 환자로부터 피를 뽑아내거나 피를 공급해 주는 것이 치료법이라 주장했다. 이와 같은 방법은 난폭한 환자들을 진정시키는 일시적인 수단으로 효과가 있었지만 정신병은 재발되기 일쑤였다.

프로이트가 정신분석학을 본격적으로 도입하기 전 한때 관심을 갖고 시도한 정신치료 방법은 최면법이었다. 최면법은 메스머 Franz Anton Mesmer라는 비엔나의 한 의사로부터 시작되었다. 그는 정신적 질병이든 신체적 질병이든, 질병이란 고통받는 사람의 내부에 있는 자기력magnetic forces이 잘못 배열된 데서 온다고 생각하여 이 자기력을 바로 배열하기 위한 치료법을 개발하였다.

메스머는 정신장애를 겪고 있는 환자들에게 철분의 함량이 높은 약물을 투여한 후 그들의 몸 위로 자석을 통과시키면 병이 낫는다는 것을 발견하였다. 그는 질병과 치료에 대한 자신의 이론을 '동물자기animal magnetism' 라고 불렀다. 그 후 메스머는 자석 없이도 치료 효과가 일어남을 발견하게 되었다. 다시 말해, 자석 없이도 맨손으로 환자의 몸을 어루만지거나 치료될 수 있다는 정신적 암시만으로 실제 치료 효과가 일어난다는 것이다. 이것은 그 당시 센세이션을 일으키기에 충분한 것이었다.

1778년 메스머는 비엔나에서 파리로 옮겨 가 자기력 치료를 계속했는데, 환자들이 너무 많이 몰려들기 시작하여 개인치료가 불가능해지자 집단치료를 시작했다. 실제로 많은 환자의 증세가 호전되었는데, 특히 오늘날 심인성 질환이라 부르는 두통, 소화불량 등에 효과가 있었다고 한다. 파리에서는 메스머의 이 치료 기법을 메스머리즘Mesmerism이라 불렀는데, 이 치료의 타당성에 대한 문제가 제기되자 프랑스 왕립학술원은 특별위원회를 구성하여 진상을 조사하도록 했다. 특별위원회의 보고서는 자기력을 사용한 메스머의 시술에 따른 치료 효과보다는 환자들의 믿음에 따른 치료 효과가 일어났다고 결론을 내렸다.

그 후 메스머리즘은 전 유럽으로 퍼져 나갔다. 이에 관심을 가진, 런던의 유니버시티 카를리지의 의과대학 교수로 있던 저명한 의사 존 엘리오스턴John Ellioston이란 사람이 있었다. 그는 메스머리즘 치료를 받고 있는 환자들이 뾰족한 바늘로 찔러 대도 아파하지 않는 진통 효과를 보고 호기심을 갖게 되었다. 그가 1830년 후반 메스머리즘의 마취 효과에 관한 체계적인 연구를 대학 당국에 제안하자 큰 파문이 일어났고, 결국 그는 교수직을 사임하고 말았다. 이런 사건에도 불구하고 많은 외과의사가 수술 시 따르는 통증을 줄이기 위해 메스머리즘을 사용하기 시작하였고, 1840년대 후반에 이르면 이 효과가 인정되기 시작하면서 메스머리즘이란 용어 대신 최면학 또는 최면술이라는 새로운 용어로 불리게 되었다.

메스머리즘을 최면학 또는 최면술이라는 새로운 용어로 만든 사람은 스코틀랜드의 존경받는 의사였던 제임스 브레이드James Braid였다. 브레이드는 환자가 자신의 시선 바로 위쪽에 있는 하나의 대상을 뚫어지게 쳐다보도록 하면 쉽게 최면 상태로 유도할 수 있음을 발견하고, 최면 효과를 내는 데 있어 암시의 중요성을 강

브레이드는 환자가 자신의 시선 바로 위쪽에 있는 하나의 대상을 뚫어지게 쳐다보도록 하면 쉽게 최면 상태로 유도할 수 있음을 발견하고, 최면 효과를 내는 데 있어 암시의 중요성을 강조하였다.

조하였다. 그리고 최면 상태에 대한 기억은 의식이 정상으로 되돌아왔을 때에는 회상이 불가능하지만 다시 최면에 걸리면 되살아난다는 것을 발견하였다.

한편, 최면술은 프랑스에서도 크게 주목을 끌었다. 그 중심에 있었던 사람이 파리에서 큰 정신병원을 운영하던 마르탱 샤르코Martin Charcot였다. 그는 간질에 관한 선구적인 연구로 유럽 전역에 이름이 널리 알려졌고, 동시에 히스테리hysteria 연구의 전문가이기도 했다. 히스테리란 신경계의 뚜렷한 손상 없이도 다양한 신체적 증상을 보이는 것이 특징인 장애다. 히스테리라는 용어는 자궁을 뜻하는 희랍어에서 유래된 것으로, 한동안은 이 장애가 여성에게서만 잘 나타난다고 생각한 적도 있었다.

샤르코는 히스테리를 꾀병이 아닌 하나의 장애로 받아들이고 그 원인을 찾으려 노력했다. 그는 히스테리의 증상 가운데 많은 것이 최면 상태에서 나타나는 것들과 유사하다는 것을 발견하고 히스테리와 최면에 의한 민감한 반응성은 동일한 병리 기제에 바탕을 두고 있다고 생각하였다. 그래서 최면술을 무분별하게 많이 사용하면 위험하다고 경고했다.

샤르코의 명성이 절정에 달했을 무렵 전 유럽 지역에 살던 많은 의사가 그를 만나려고 파리로 몰려왔다. 그런 의사들 가운데 한 사람이 바로 비엔나 출신의 젊고 호기심 많은 프로이트였다.

정신분석학이 등장하기 전까지의 마지막 중요한 계기는 다윈의 진화론이었다. 저명한 과학사가인 프랑크 설로웨이Frank Sulloway는 『프로이트: 마음의 생물학자Freud: Biologist of the mind』라는 책에서 프로이트의 생각은 다윈의 저술로부터 큰 영향을 받았다고 주장했다. 프로이트의 개인 서고에 있는 책들을 조사해 보았더니 다윈의 저작들이 여러 권 발견되었으며, 그 책들을 일일이 읽고 가장자리 여백에 빼곡히 주석을 달아 놓았음을 발견하게 되었다. 최근 연구에서는 프로이트가 말년에 다윈의 진화론에 대한 연구가 정신분석학자들의 훈련 프로그램에 핵심적인 부분이 되어야 한다고 강조했다고 한다.

프로이트가 정신분석학의 핵심 이슈로 삼았던 무의식적 과정과 정신적 갈등, 꿈의 의미, 어떤 행동의 저변에 숨겨져 있는 상징성 그리고 성적 흥분의 중요성과 같은 것들은 다윈의 저술 속에서 이미 논의된 것이다. 다시 말해, 프로이트도 다윈이 초점을 두고 다루었던 사고와 행동의 비합리적 특성에 관한 문제를 그 후에 똑같이 다루었다는 것이다. 이런 점을 미루어 볼 때, 프로이트의 생각은 다윈의 진화론적 관점이 많이 반영되어 있다고 볼 수 있다.

성장기

지그문트 프로이트는 1856년 5월 6일, 지금의 체코 지방인 프리지보르라는 마을에서 태어났다. 그의 아버지는 유대인계의 모직물 상인이었는데, 사업 실패로 인해 독일의 라이프치히로 이사를 갔다가 프로이트가 4세 때 비엔나로 왔다. 프로이트는 그의 생애 대부분을 비엔나에서 보냈다. 어머니보다 스무살 더 많은 프로이트의 아버지는 몹시 엄하고 권위주의적이었으며, 어머니는 아버지의 세번째 부인이었다. 소년 시절 프로이트는 아버지에 대해 두려워하면서도 사랑을 느꼈고, 어머니에 대해서는 자신을 보육해 주는 사람으로 따뜻함을 느꼈다고 했다. 어린 시절 아버지에 대한 두려움과 어머니에 대한 성적 매력이 프로이트가 나중에 언급한 오이디푸스 콤플렉스Oedipus complex다. 프로이트의 많은 이론이 아동기에 그가 겪었던 경험과 회상으로부터 나온 자전적인 것이다.

프로이트의 어머니는 첫 자식인 프로이트에 대해 무한한 자부심을 가졌고, 그에게 지속적인 관심과 지지를 보냈다. 그녀는 프로이트가 장래 큰 인물이 될 것이라고 확신했다. 그녀의 기대대로 프로이트가 태어난 옛집은 박물관이 되었고 그가 태어난 프리지보르 마을은 프로이트 광장이라 불리는 세계적인 관광명소가 되었다.

성인기에 프로이트는 자신감, 야망, 성취에 대한 욕망 그리고 영광과 명예의 꿈으로 가득 차 있었다. 그는 "자신의 어머니를 확실히 만족시킨 사람은 한평생 승리의 확신을 지속시켜 나간다. 이처럼 성공에 대한 확신감을 가지고 살아가면 실제로 성공하게 된다."는 말을 했다고 한다. 이것은 프로이트가 자신의 어머니의 마음에 성공할 것이란 확신을 심어 주기 위해 많은 노력을 했음을 보여 주는 것이다.

프로이트는 8남매 중 맏이었다. 그는 어릴 때부터 놀라울 정도로 지적 영민함을 보여 주었기 때문에 가족은 모든 희생을 무릅쓰고라도 그의 성공을 위해 후원하였다. 그 예로, 다른 아이들은 촛불을 켠 어두운 방에서 여럿이 함께 공부하게 했지만 프로이트는 독방에서 유일하게 오일 램프를 켜고 밝은 조명 아래 공부할 수 있도록 해 주었고, 프로이트의 공부에 방해가 된다고 동생들에게 악기를 연주하는 것도 금지시켰다. 이런 특별한 대우를 받았음에도 불구하고 프로이트는 동생들에 대해 원망하는 마음을 보였다.

프로이트는 정상보다 1년 일찍 고등학교에 들어갔고 17세 때 최우등으로 졸업했는데, 이로 보아 그는 영민한 학생이었음을 알 수 있다. 그는 집에서는 독일어와 히브리어를 사용했고, 학교에서는 라틴어, 희랍어, 불어, 영어를 배웠으며, 독학으로 이태리어와 스페인어까지 공부했다. 다윈의 『진화론』을 읽고 나서는 지식을 얻으려면 과학적 태도로 살아가야 한다는 데 관심을 가져 의학을 전공하기로 결심했다. 그는 임상의가 되는 것은 원하지 않았으나 의학학위가 과학 연구를 하는 데 도움이 될 것이라 믿었다.

비엔나 대학 시절

프로이트는 1873년 비엔나 의과대학에서 의학 공부를 시작한다. 철학 과목과 같은 졸업과 관련 없는 과목들을 많이 수강했던 관계로 3년을 더 공부해 8년 만에 학위를 받는다. 그는 뱀장어의 생식기 구조에 관한 연구를 위해 400마리 이상의 수컷 뱀장어를 잡아 해부해 보았지만 발견의 결과는 불완전하였다. 그런데 흥미로운 일은 그의 평생 첫 연구가 성性과 관계 있는 생식기 연구였다는 것이다. 그는 생리학 교실에서 6년 동안 물고기에서 척추 신경섬유를 염색하는 연구 기법을 개발하는 데 참여하기도 했다.

비엔나 의과대학 생리학 교실에서 연구하고 있는 동안, 그는 당시에는 금지 약물이 아니었던 코카인이란 약물을 친구들에게도 음용하길 권한 후 그 효과를 알아보는 연구에 몰두했다. 그 자신도 코카인 섭취에 열정적이었는데, 그는 이 약물이 우울증과 만성 소화불량을 치료해 준다고 믿었다. 그는 스스로 체험하여 발견한 코카인의 기적적인 약효로 미루어 보았을 때 코카인이 좌골신경통에서부터 뱃멀미에 이르기까지 온갖 종류의 질병과 통증을 치료할 수 있을 것이란 확신을 갖게 되었고, 끝내는 이런 발견으로 그가 그토록 갈망하던 존경받는 존재가 될 것이라 기대하게 되었다. 그러나 이 꿈은 이루어지지 않았다. 한편, 프로이트의 동료 의사였던 칼 콜러Carl Koller는 프로이트와 코카인에 대해 이야기를 나눈 후 실험을 해 본 결과 코카인이 눈을 마취시키는 데 도움이 된다는 것을 알아냈다. 그래서 콜러는 코카인을 안과 수술에 적용하였고, 프로이트가 갈망하던 돈과 명성을 얻게 되었다.

프로이트는 코카인의 이점에 관해 논문을 썼다. 이 논문 때문에 1920년대까지 유럽과 미국에서 코카인이 유행하게 되었으니 이 문제에는 프로이트에게 어느 정도는 책임이 있다고 할 수 있겠다. 프로이트는 코카인이 안과 수술 외에도 다양한 질병의 치료에 도움이 된다고 한 것 때문에 많은 비판을 받았다. 프로이트는 비엔나 의과대학 생리학 연구실을 떠나면서 코카인 복용을 멈추었다고 했지만 최근 연구에 의하면 그 후 10년간에 걸쳐 코카인을 계속 복용했다고 한다.

프로이트는 대학의 생리학 연구실에 남아 과학적 연구를 계속하길 바랬지만 그럴 수 없었다. 프로이트가 일하고 있었던 생리학 연구실에서 그를 지도하던 브뤼케Ernst Brüke 교수에 의하면 그는 경제적 이유로 그의 꿈을 이룰 수가 없었다고 했다. 그는 가난했기 때문에 교수직을 얻을 때까지 얼마나 오랜 시간이 걸릴지 모르는 연구실 생활을 지속할 수가 없었던 것이다. 그래서 1881년 학위를 받고 신경과 의사가 되기로 결심했다. 그러나 개업의가 되었어도 돈을 잘 벌지 못했고, 여러 차례 연기한 끝에 결국 결혼했지만 그때도 돈이 없어 여러 곳에서 돈을 빌리고 시계를 저당잡혀야 했다.

4년 동안의 신혼 시절에 프로이트는 자신의 부인인 마르타Martha Freud에게 주의와 관심을 갖는 어느 누구에 대해서도 심한 질투심을 느꼈다. 프로이트는 밤늦게까지 일했기 때문에 가족과 함께할 시간이 거의 없었다. 그는 여행도 혼자 다니거나 아니면 처제하고 다녔다. 부인 마르타의 보행 속도가 자기 속도와 맞지 않는다든가 원하는 관광 대상이 서로 다르다는 이유에서였다.

프로이트 정신분석학의 발달: 안나 O.의 사례

브로이어는 프로이트를 자주 만나면서 자신의 환자였던 21세의 젊고 지적이며 매력적인 안나 O.라는 여인의 사례에 관해 자주 이야기해 주었다. 바로 안나의 사례에 대한 프로이트의 지대한 관심이 정신분석학이 태동하는 결정적 계기가 된다.

프로이트가 저명한 의사이자 신경학자였던 요제프 브로이어 Josef Breuer를 만나게 된 것은 그의 삶에 중요한 전기가 되었다. 호흡에 관한 연구와 반고리관의 기능 연구로 명성과 부를 얻은 성공적인 의사였던 브로이어는 프로이트보다 열네 살이나 연상이었지만 프로이트를 동생처럼 따뜻하게 대해 주었다. 그는 브로이어를 마치 아버지처럼 생각하고 따랐다. 브로이어는 프로이트를 자주 만나면서 자신의 환자였던 21세의 젊고 지적이며 매력적인 안나 O.라는 여인의 사례에 관해 자주 이야기해 주었다. 바로 안나의 사례에 대한 프로이트의 지대한 관심이 정신분석학이 태동하는 결정적 계기가 된다.

안나는 심한 히스테리로 인해 신체가 마비되고 기억력이 상실되었으며 지적 퇴화와 함께 구토, 시각장애, 언어장애를 보인 환자였다. 처음 이런 장애는 그녀가 죽어 가는 아버지를 간호하고 있을 때 나타났다. 언제나 그녀의 응석을 받아 주는 허용적인 아버지였기에 그녀는 아버지에 대해 강렬한 애정을 느끼고 있었다.

브로이어는 최면을 사용하여 안나의 치료를 시작했다. 그는 안나가 최면 상태에서 느끼는 경험들을 이야기하게 허용했고, 그러면 징후들이 해결되었다. 1년 이상 브로이어는 매일 안나를 만났다. 안나는 그날 일어난 괴로운 사건을 자세히 이야기하고 나면 자신의 징후가 사라졌다고 말했는데, 이야기를 하는 동안 마치 막힌 굴뚝이 뚫리는 듯하다고 해서 브로이어는 이를 말하기치료 talking cure라고 불렀다. 치료가 계속되어 가면서 브로이어는 그녀가 말하는 동안 역겨운 생각이나 사건들이 포함되어 있는 내용들은 잘 기억해 내며, 최면 상태에서 이러한 괴로움을 주는 경험을 표현하고 나면 징후가 감소되거나 사라진다는 것을 알게 되었다.

브로이어 부인은 남편과 안나 사이에 정서적으로 관계가 가까워지는 것에 대해 질투심을 갖고 있었다. 안나는 치료자인 브로이어에게 자신의 아버지에게 느꼈던 사랑의 감정을 전이한 것이다. 이런 전이가 일어난 것은 안나의 아버지와 브로이어 간의 신체적인 유사성 때문일 수도 있고, 브로이어가 자신의 환자에게 정서적인 애착감을 느끼게 해 주었기 때문일 수도 있다.

결국 브로이어는 안나가 자기를 사랑하는 상황을 위협적인 것으로 지각하고 안나에게 더 이상 치료해 줄 수 없다고 말했다. 이 말을 들은 안나는 몇 시간 내에 히스테리성 임신 통증을 경험하며 브로이어를 아기의 아버지로 지목했다. 이에 브로이어는 최면으로 임신 통증을 일단 잠재운 후 바로 다음 날 아내를 데리고 베니스로 두 번째 신혼여행을 떠났다. 여행 중에 아내가 임신을 했다고 전해졌는데 그 후에 브로이어의 사례를 자세히 조사해 보니 그 어디에도 허위임신이 언급된 적이 없었고 브로이어의 딸이 출생한 날짜도 두 번째 신혼여행과는 무관하다는 것이 밝혀졌다.

기록을 뒤져 보면 안나가 브로이어의 최면법으로 완전히 치료되지 않았다는 사실 또한 드러난다. 브로이어가 안나를 만나 주지 않은 지 2주일이 지난 후 안나는 다시 병원에 입원하였고, 자기 아버지의 초상화 밑에서 몇 시간이나 우두커니 앉아 있거나 아버지의 무덤을 찾아가 아버지와 이야기를 나누었다. 환각과 경련, 안면 신경통과 언어장애가 재발되었고, 브로이어는 안나의 안면 통증 치료를 위해 모르핀을 처방했는데 결국에는 그녀가 모르핀 중독에 걸리기도 했다.

그 후 건강을 회복한 안나는 사회사업가가 되었고 여성해방론자가 되어 여성교육에 전념하였다. 그녀는 여성의 권리에 대한 몇 편의 논문도 발표하였으며, 1954년 서독 정부는 여성권리 운동에 기여한 그녀의 공로를 기려 그녀의 초상을 실은 기념우표를 발행하기도 했다. 1992년에는 그녀의 생애를 다룬 〈안나 O.의 신비〉라는 제목의 브로드웨이 공연도 있었다.

브로이어의 안나 사례 보고는 정신분석학의 발달에 매우 중요한 의미를 갖는다. 브로이어가 프로이트에게 소위 말하기치료라는 것을 소개해 주었기 때문이다. 안나의 사례는 1895년 브로이어와 프로이트가 함께 집필한 『히스테리 연구Studies of hysteria』에 소개된 여러 사례 중 첫 번째로 등장하게 된다. 이 책의 출판은 정신분석학의 시작을 알리는 역사적 사건으로 간주된다.

프로이트에게 안나의 사례는, 외상적 사건(충격적 사건)에 대한 기억은 무의식 속에 능동적으로 억압되어 히스테리 증상의 원인이 되고 그 사람의 행동에 계속하여 영향을 주지만 증상의 기원이 되는 외상적 사건에 대해 통찰하게 되면 증상이 완화될 수 있다는 점을 보여 주게 된 것이었다. 또한 안나가 그녀의 아버지를 좋아했고 치료의 마지막에 가서는 브로이어에게도 강력한 애착을 느끼게 한 전이transference가 회복으로 가는 중요한 단계라고 생각하게 되었다. 그러나 브로이어는 프로이트와 의견을 달리했다. 브로이어는 안나의 사례에서 중요한 문제에 성적인 내용이 포함되어 있다는 것을 고집하는 프로이트의 견해를 수긍할 수 없었던 것이다. 결국 브로이어와 프로이트는 결별하게 된다.

신경증의 성적인 바탕

1885년 프로이트는 장학금을 받아 샤르코 밑에서 최면술을 공부하기 위해 파리에서 4개월 반 동안 머무르게 된다. 이때 의미 있는 사건이 하나 발생한다. 어느 날 저녁 한 연회에서 프로이트는 어떤 환자가 가진 어려움이 성적 문제에 그 기반을 두고 있다는 샤르코의 이야기를 듣게 된다. 샤르코는 "이 환자의 경우는 언제나 말썽이 일어나는 게 성기 때문이란 말이야."라고 말했다. 프로이트는 샤르코의 이 말에 눈이 번쩍 뜨이는 듯한 통찰을 얻게 된다. 그런 일이 있고 난 후부터 프로이트는 자기 환자들의 성적 문제에 많은 관심을 갖게 된다.

프로이트는 샤르코가 히스테리 환자를 치료할 때 최면술을 적용하는 것과 히스테리는 여성에게만 발생한다고 보는 전통적 견해의 잘못을 지적하고 남성에게도 발생할 수 있다는 증거를 보여 주는 것도 보았다.

파리에서 돌아온 지 1년 후 프로이트는 환자의 정서적 장애가 성적인 문제에 근거하고 있다는 것을 상기할 수 있는 또 하나의 사건을 목격했다. 한 저명한 부인과 의사는 프로이트에게 심한 불안 때문에 고통받고 있는 한 부인을 치료해 달라고 부탁했다. 이 환자는 매 순간 의사가 어디에 있는가를 확인하면 불안이 없어졌는데, 불안의 원인은 남편의 성교 불능(발기 부전)으로, 결혼 후

18년이 지났지만 그녀가 아직 처녀이며, 이 부인의 불안 치료의 처방은 모두가 다 아는 너무나 쉬운 것이지만 누가 감히 그것을 그녀에게 말해 줄 수 있겠냐고 말했다.

프로이트는 그 부인을 치료하기 위해 최면법을 사용했지만 그녀가 최면법에 대해 불만을 가지게 되면서 결국은 포기하고 말았다. 최면법은 어떤 징후의 치료나 경감에는 성공적인 경우가 있었지만 장기간에 걸친 치료 효과는 거의 없고 많은 환자가 새로운 증상을 호소하면서 다시 찾아오곤 했다. 게다가 어떤 신경증 환자는 쉽사리 최면에 걸려들지 않거나 같은 상태로 유도되지 않는다는 것도 알게 되었다. 그래서 그는 최면법을 적용하는 것을 보류하고 새로운 정신치료 기법인 자유연상법free association을 개발하였다.

자유연상법이란 환자가 편안한 의자에 기대고 앉아 머릿속에 떠오르는 어떤 종류의 생각이든, 비록 그것이 시시하거나 어리석은 것이라 해도 검열하지 않고 자발적이고 공개적으로 말하도록 격려해 주는 치료법이다. 요컨대 무의식 속에 억압하고 있던 어떤 생각이나 기억이 비정상적 행동의 원인이 된다고 보기 때문에 이를 의식 선상으로 끌어내면 치료가 된다는 것이다.

프로이트는 자유연상법을 통하여 환자가 어린 시절로 되돌아가 회상한 기억은 주로 성적인 내용에 바탕을 두고 있다는 것을 발견하게 되었다. 1890년대 중반에 이르면 프로이트는 성적인 문제가 신경증에 결정적 역할을 한다는 것을 확신하게 된다. 즉, 대부분의 환자는 자신의 가족 성원으로부터 받았던 성적 경험을 포함해서 어린 시절에 경험했던 외상적 성적 경험의 내용을 자유연상을 통해 보고한다는 것이다. 프로이트는 정상적인 성 생활을 한 사람에게서는 신경증적 상태가 일어나지 않는다고 믿게 되었다.

프로이트가 인간의 정서적인 삶에서 성의 역할을 많이 강조했지만 정작 자신의 성에 대해서는 극단적으로 부정적인 태도를 보였다는 것은 참으로 흥미롭다. 그는 신경증 환자가 아닌 정상적인 사람에게도 성의 위험성을 경고하고, 정상적인 동물적 욕구 수준 정도로 성욕을 보여야 한다고 언급하면서도 성 행위는 품위를 떨어뜨리는 것이고 마음과 몸을 오염시키는 것이기 때문에 자기는 41세부터 전적으로 섹스 행위를 포기했다고 했다.

프로이트는 자기 자신의 섹스 행위를 포기한 이후 이상한 정신 상태, 다시 말해 지적으로는 별 문제가 없는데도 마음속에는 구름이 낀 것 같고 광선이 이곳저곳 옮겨 다니는 듯한 혼란스러운 생각과 베일에 감춰진 듯한 의심증이 생겼다고 했다. 그리고 편두통, 비뇨기 이상, 직장 경련과 같은 신체적 이상도 생겼다고 했다.

꿈의 분석

프로이트는 꿈이 의미 있는 정서적 내용을 담고 있으므로 정신장애에 내재하고 있는 원인을 찾는 데 좋은 단서를 포함하고 있

을 것이라고 생각하였다. 그는 모든 것에는 그 원인이 있기 때문
에 꿈에 나오는 사건도 원인이 있으며, 환자의 무의식적 마음에
담겨 있는 그 무엇이 꿈을 통해 분출되어 나오는 것이라 믿었다.

프로이트는 치료자이면서 동시에 환자로서 자유연상법을 적
용해 자신의 무의식을 분석한다는 것은 불가능하다는 것을 알게
되었다. 그래서 그는 꿈을 분석해야겠다고 결심하게 된다. 그는
매일 아침 잠에서 깨어나는 순간 자신의 꿈 분석dream analysis을
실시했다. 그는 지난밤에 꾼 꿈의 내용을 기록하고 나서 꿈의 소
재를 자유 연상했다.

꿈의 분석을 진행하면서 프로이트는 자신이 아버지에게 적개
심을 느끼고 있었고, 아동기에 처음으로 어머니에게 성적인 갈망
을 가지고 있었으며, 큰 누이에게도
성적 갈망을 갖고 있었다는 것을 알
게 되었다. 자신의 꿈에 담겨 있는
이러한 무의식적 내용을 탐색하는
것이 그의 이론의 바탕이 되었다.
그러므로 정신분석학의 체계는 프
로이트 자신의 신경증적 증상과 자
신이 소년기에 경험한 내용에서부
터 공식화된 것이다. 그래서 그는
"나에게 가장 중요한 환자는 바로 나
자신이다."라고 말한 적도 있다.

프로이트는 꿈의 분석을 통한 자
기 분석을 약 5년간 계속한 후
1900년 『꿈의 해석』이란 책을
출간한다.

프로이트는 꿈의 분석을 통한 자기 분석을 약 5년간 계속한 후 1900년 『꿈의 해석The interpretation of dream』이란 책을 출간하는데, 이 책이 그에게는 가장 중요한 업적의 하나가 된다. 이 책에서 그는 아동기 경험에 주로 바탕을 두고 '오이디푸스 콤플렉스Oedipus complex' 라는 개념을 처음으로 등장시킨다. 비록 모든 사람이 그렇지는 않다 해도 많은 사람이 이 책을 좋게 평가했다. 스위스의 취리히에 살던 카를 융은 이 책을 읽고 프로이트를 찾아와서 정신분석학에 경도하게 된다. 프로이트는 꿈의 분석을 정신분석의 표준으로 삼아 매일 저녁마다 잠들기 전 30분을 자신의 꿈 분석에 할애했다.

정신분석학의 전성기

앞서 우리는 19세기 말 프로이트가 히스테리 치료를 전문으로 정신분석가의 경력을 쌓아가기 시작하면서 처음에는 최면법을 사용하다가 점차 이를 버리고 자유연상법을 채택·사용하고, 이어 꿈 내용을 자유연상법으로 분석하는 꿈의 분석 기법을 개발해가는 모습을 살펴보았다.

20세기가 시작되면서 프로이트는 꿈의 분석으로 행동 전반에 걸쳐 적용할 수 있는 일반 이론을 전개하기 시작하는데, 이런 작업은 그가 사망할 때까지 계속된다. 특히 20세기가 시작되는 초기 몇 년간 프로이트는 왕성한 작업을 선보인다. 『꿈의 해석』이 1900년에 출간되고, 1년 후에는 『일상생활의 정신병리The psychopathology of everyday life』가 출간되며, 1905년에는 『성 이론에 관한 세 가지 에세이Three essays on the theory of sexuality』와 『위트와 무의식과의 관계Wit and it's relation to the unconscious』가 출간된다. 이런 일련의 저작을 통하여 그는 신경증 증상뿐만 아니라 정상적인 사람의 일상 행동에서도 무의식적 생각이 표출되는 과정에서 갈등이 일어난다고 설명했다. 예를 들어 우리가 무심결에 저지르는 실수라든지 흔히 보여 주는 망각과 같은 것은 비록 의식적으로는 인식하지 못할지라도 무의식적인 동기가 반영된 것이라는 것이다.

1905년, 『성 이론에 관한 세 가지 에세이』라는 책이 출간되기 3년 전부터 몇몇 사람이 프로이트에게 정신분석학에 관해 매주 정기적인 토론을 하는 학술적 모임을 갖자고 제안했다. 이들 가운데는 알프레트 아들러와 카를 융도 포함되어 있었는데, 이들 대부분이 정신적으로 문제가 있는 준신경증적 환자들이었다. 괴짜에다 몽상가이고 자기 자신이 노이로제 환자임을 알고 있는 그들은 매주 수요일 저녁 모임을 가졌는데, 자신들의 환자들에 관한 문제뿐만 아니라 자기 자신의 문제, 예컨대 자신의 수음 행위를 고백하고 부모, 친구, 아내 또는 자식에 대해 갖고 있는 온갖 종류의 환상을 솔직히 털어놓는 모임이었다.

프로이트는 자신의 성 이론에 대해 이의를 제기하는 것을 용납하지 않았다. 프로이트는 "정신분석학은 내가 만든 것이고 지난 10년 동안 정신분석학을 만드는 데 관여한 사람은 오직 나 자신뿐이다. 정신분석학이 무엇인가에 관해 나보다 더 잘 아는 사람은 없다."라고 했다. 이처럼 그는 매우 권위주의적이었고 독단적이어서 남의 의견을 수용하지 않았다.

1900년에서 1910년 사이 프로이트의 위상은 많이 높아졌다. 1909년 그와 융은 미국 매사추세츠 주에 있는 클라크 대학의 개교 20주년에 정신분석학을 강연해 달라는 스탠리 홀 총장의 초빙을 받는다. 프로이트는 홀 총장의 제의를 수락하고 당시의 저명한 미국의 심리학자 제임스, 티치너, 커텔과도 만났으며, 다섯 번에 걸쳐 강의를 했고 명예심리학 박사 학위도 받았다.

프로이트의 강의 내용은 미국 심리학회지에 실렸고 몇 개의 언어로 번역되었다. 그리고 이는 1911년 미주 정신분석학회가 창립되는 계기가 되었다. 이 학회는 연례 발표회에서 프로이트의 업적을 집중적으로 토론하였다. 프로이트의 미국 방문은 크게 환영받았지만 프로이트 자신은 미국 여행에 대해 좋지 않은 인상을 받았던 것 같다. 그는 미국 음식물의 질, 공공화장실의 부족, 언어 구사의 어려움, 격식을 차리지 않는 예법 등을 비판했다.

1911년경부터는 정신분석학 집단 내에서 프로이트의 생각에 반대하는 입장이 제기되기 시작했다. 성 이론에 관한 의견 차이로 프로이트는 1911년 아들러와 맨 처음 헤어졌고, 3년 후에는 한때 그의 정신적인 아들이자 정신분석학의 후계자라고 여겨지던 융과도 결별하게 된다. 어느 날 저녁 정신분석 모임에서 프로이트는 몹시 분노하여 그의 불충을 크게 비난하였다.

1923년 프로이트의 명성이 최고조에 이르렀을 즈음 그는 구강암 진단을 받는다. 그 후 사망할 때까지 16년간 무려 33번의 구강 수술, 보철 기구 삽입술과 방사선 치료까지 받게 된다. 수술 후에는 인공 삽입한 보철 장치 때문에 말하는 데 장애가 있어 다른 사람들이 그의 말을 잘 알아들을 수 없었다. 그는 비록 이런 어려운 상태에서도 환자를 치료하고 제자들과 만났지만 그 밖의 다른 사람들과의 접촉은 극도로 피했다. 그러나 구강암 진단을 받은 후에도 하루 스무 개비 이상의 쿠바산 시가를 피워 대는 흡연 습관은 버리지 못했다.

프로이트의 말년: 나치로부터의 탄압과 망명 그리고 죽음

히틀러가 독일에서 권력을 잡은 후 나치의 정신분석학에 대한 공식적 입장은 너무나 단호했다. 프로이트의 모든 책을 1933년 5월까지 베를린으로 모아 공개적으로 소각하라고 명령한 것이다. 한 나치 장교는 책을 불더미 속에 던져 넣으면서 "성 생활을 지나치게 강조함으로써 영혼을 파괴한 잘못에 대해 응징하고 인간 정신의 고결함을 지키기 위해 지그문트 프로이트의 저작물을 불 속에 던지도록 명령한다."라고 외쳤다.

나치 탄압의 낌새를 알아차린 심리학자와 정신분석학자들은 1934년 즈음 이미 독일을 탈출하기 시작했다. 독일에서 정신분석학을 말살하려고 하는 나치의 운동은 집요해서 한동안 많은 사람에게 널리 알려졌던 프로이트의 이름조차도 이때쯤이면 잊혀지게 되었다. 많은 사람이 탈출을 권고했지만 프로이트는 비엔나에 머물 것을 고집하였다. 1938년 3월 드디어 독일 군대가 오스트리아로 진입한 후 나치 패당이 그의 집을 습격하였다. 일주일 후에는 그의 딸인 정신분석가 안나가 체포되어 구금되었다. 이 사건 후 프로이트는 자신의 안전을 위해 탈출해야겠다는 결심을 하였고 미국 정부의 도움을 받아 영국으로 망명했으나 피하지 못하고 비엔나에 그대로 남아 있던 네 딸은 그 후 나치 수용소에 끌려가 죽게 되었다.

영국에서는 그를 환영했지만 구강암이 악화되어 그의 건강은 극도로 나빠졌다. 그는 친구들에게 보낸 편지나 자신의 일기에 암의 확산에 따른 통증에 관한 이야기를 주로 썼다. 그러나 그의 정신은 흐려지지 않았고 죽을 때까지도 활동을 계속했다. 그는 자신의 주치의에게 자신의 생명을 연장시키기 위한 불필요한 치료를 하지 말라고 부탁했으며, 삶의 마지막에 주치의는 많은 양의 모르핀 투여로 여러 해 동안 끌어오던 고통을 끝내도록 했다. 때는 1939년 9월 23일이었다.

프로이트 정신분석학이 심리학에 미친 영향

정신분석에 대한 후세의 비평은 크게 찬반으로 나누어지고 그 입장은 매우 대조적이다. 비판하는 입장에 서 있는 사람들은 정신분석을 가리켜 "20세기에 벌어진 가장 엄청난 지적 사기극" "터무니없이 빈약하게 설계된 기반 위에 지어진 거대한 구조물이며, 이제 와서 정신분석을 계승하는 후계자도 없다."고 극단적인 혹평을 하기도 했다. 또한 프로이트가 출판한 사례 보고들을 상세히 분석한 학자들은 정신분석으로 뚜렷한 치료 효과가 있었다는 증거를 찾지 못했다고 언급하기도 했다.

반면, 프로이트 정신분석학의 옹호자들은 프로이드가 20세기에 가장 중요한 생각을 제안했고, 많은 사람에게 감동을 주었으며, 그 영향은 의학과 심리학의 영역을 넘어 서양 문화 전반에 깊숙이 퍼져 들어갔다고 주장한다.

오늘날의 학자들은 프로이트의 생각이 학자들이 생각했던 것보다 독창성이 떨어진다고 말한다. 그러나 프로이트가 무의식을 최초로 발견한 것이 아니라 하더라도 그 어느 누구보다도 행동의 저변에 있는 원인에 대해 무의식을 매개하여 많은 것을 알 수 있게 해 준 것은 그의 큰 공헌이다. 프로이트는 그처럼 무의식적 동기를 강조했고 그럼으로써 행동을 이해하는 데 있어 동기 과정을 중요하게 여겨야 할 필요성을 강조한 것이다.

또한 오늘날 심리학에서는 아동기 초기의 경험이 성숙 후의 성격이나 행동 발달에 중요한 영향을 미친다는 사실을 인정하고 있는데, 이것은 프로이트가 심리학에 미친 중요한 기여다. 오이디푸스 콤플렉스를 비롯하여 초기 발달에 대한 프로이트 이론에 대해 이의를 제기할 수는 있겠지만, 아동기 초기의 경험이 성숙 후의 행동에 영향을 미칠 수 있다는 데 대해서는 의심의 여지가 없다는 점에서 그렇다.

마지막으로, 정신장애에 대한 생물학적 설명만을 선호했던 그 당시에 심리적 원인에 의해 정신장애가 생기고 심리적 방법으로 정신장애를 치료할 수 있다고 한 그의 생각은 정신치료의 새 지평을 열었다는 데 큰 의미가 있다.

프로이트 이후의
정신분석학과
인본주의

10

무의식 힘을 믿었던 분석심리학의 창시자 / **카를 융**

인간은 스스로 결정할 수 있다 / **알프레트 아들러**

신경증은 '기본불안'에서 비롯된다 / **카렌 호나이**

이상적 사회를 만들어 내는 능력은 우리 인간에게 있다 / **에리히 프롬**

인본주의 심리학의 정신적 아버지 / **에이브러햄 매슬로**

'인간중심치료' 기법을 개발하다 / **칼 로저스**

프로이트에 의해 정신분석학이 공식적으로 출범한 지 20여 년
이 못 되어 정신분석학은 두 개의 집단으로 갈라진다. 즉, 프로이
트 사후 프로이트의 기본 견해를 약간 수정 및 정교화하기는 했지
만 대체로 프로이트의 기본 노선을 유지하려는 집단과 프로이트
의 주요 관점에 동의하지 않고 또 자기들 사이에서도 견해가 서로
다른 집단으로 갈라졌다.

신新프로이트 학파neo-Freudian라 불리는 첫 번째 집단은 프로
이트의 정신분석 개념을 다소간 확대하고 수정했지만 프로이트
의 전통을 고수하려는 분석가들이다. 이들은 성격에서 자아ego의
자율성을 보다 강조하고 본능id의 결정성은 덜 주목하는 사람들
로, 올포트Gordon Allport와 에릭슨Erick Erickson과 같은 이들이 여
기에 속한다.

두 번째 집단은 비록 정신분석의 기본 방향은 부인하지 않았
지만 프로이트가 주장한 신념에 대해 부적절하다고 생각되는 것
을 고치기 위해 새로운 이론을 만들었던 사람들이다. 앞서 본 것
처럼 프로이트는 자기와 의견 차이를 드러내는 사람들을 용납하
지 않았기 때문에 이들은 프로이트를 떠날 수밖에 없었다. 그들이
바로 융, 아들러, 호나이, 프롬 등이다. 이 장에서는 두 번째 집단
에 속하는 인물들을 주목해서 살펴볼 것이다.

인본주의 심리학의 등장

1960년대 초 미국 심리학에서는 제3세력이라 불리는 인본주의 심리학humanistic psychology이라는 새로운 학파가 등장한다. 이 학파는 기존 심리학 학파들의 입장을 수정하려는 것이 아니라 행동주의와 정신분석학이라는 두 개의 거대한 심리학 세력을 대신하겠다는 의도를 가지고 등장한 것이다.

인본주의 심리학은 행동주의나 정신분석학에서 채택하거나 관심을 가지지 않았던 새로운 개념, 즉 인간의 힘, 긍정적 열망, 의식 경험, 자유 의지, 인간 가능성의 성취, 인간성의 완전한 모습 등을 특별히 강조하였다. 인본주의 심리학자들은 행동주의 심리학의 편협성, 인위성 그리고 인간성에 관한 단조로운 기계적 접근법을 반대하였고 프로이트식 정신분석학의 결정론적 경향성에 대해서도 반대했다. 또한 인간을 기계나 동물로 보는 행동주의 입장과 오직 신경증이나 정신병에 걸린 사람만을 주된 관심 대상으로 하는 정신분석학의 입장에 대해서도 반대했다.

카를 융
Carl Gustav Jung: 1875~1961

카를 융의 생애

프로이트는 카를 융을 그의 양아들로 여겼다. 정신분석학 운동을 그에게 넘겨 주려고 하였으며, 그를 '나의 계승자이자 왕세자'라고까지 불렀다. 그러나 1914년 그들의 우정은 깨져버렸고 융은 프로이트의 정신분석학과는 다른, 융 나름의 특징을 가진 '분석심리학analytical psychology'을 발전시켜 나갔다.

융은 스위스 북부 지방의 유명한 라인 폭포가 있는 작은 마을에서 태어나 자랐다. 융 자신의 말에 의하면 그의 소년 시절은 외로웠고 불행했다. 아버지는 신앙심이 별로 없는 시골 목사였는데 평소 우울해했고 짜증을 잘 냈으며 큰 소리를 지르며 자주 분노를 표출하였다. 융은 아버지가 한번 화를 내면

온 집안이 울릴 정도였다고 회상했다. 거기에다가 어머니는 정서 장애로 고통을 겪었다. 어머니는 변덕스러워서 한순간은 행복한 가정주부의 모습을 보여 주다가 갑자기 중얼중얼거리며 알아들을 수 없는 말을 해 대는 악마처럼 변하기도 했다.

어린 시절부터 부모를 신뢰할 수 없었던 그는 모든 세상 사람을 믿을 수 없다고 하였다. 그래서 그는 이성적인 의식 세계로부터 꿈, 심상 또는 환상과 같은 무의식의 신비한 세계로 관심을 돌리게 되었고, 이러한 습관은 성인이 되어서도 계속되었다. 어린 시절 융을 보아 왔던 한 이웃 사람은 50년이 지난 후에 융을 가리켜 "나는 융처럼 비사교적인 괴물은 일찍이 본 적이 없었다."라고 할 정도였다.

융은 꿈속에서 자기 자신에게 말하는 내용을 바탕으로 현실의 문제를 해결하려고 했다. 예컨대, 그가 3세 때 지하 동굴 속에 갇혀 있었던 꿈을 꾸었는데, 그는 자신이 미래에 인간의 성격을 연구하게 될 것이라고 예언했다고 한다. 또한 대학에 들어갈 준비가 되었을 때 꿈에 나타난 내용에 따라 전공을 선택했다고 전해지며, 꿈에 땅속 깊이 묻혀 있는 선사시대 동물의 뼈를 발굴하고 있는 자신의 모습을 보고 앞으로 자연과 과학을 연구하라는 의미로 해석했다. 이처럼 그는 자신의 마음 밑바닥에 있는 무의식의 힘에 관심을 두었다.

융은 스위스의 바젤 대학에 들어가 1900년 의학학위를 받고 졸업했다. 그는 정신의학에 흥미를 가졌고, 첫 부임지는 취리히에 있는 한 정신병원이었다. 이 병원의 원장은 정신분열증 연구 분야에서 세계적으로 권위가 있는 정신과 의사였다. 융은 1905년 취리히 대학 정신과의 강사로 임명되었다. 몇 년 후 그는 스위스에서 두 번째로 부유한 상속녀와 결혼하게 되면서 저술, 연구, 개업에 몰두하기 위해 대학의 강사직을 사임했다.

그는 환자를 치료할 때 환자를 침대에 편안히 눕히고 질문을 하는 프로이트 식의 자유연상법을 취하지 않았다. 대신 환자와 서로 마주 보고 편안한 의자에 앉아 치료했다. 가끔은 환자를 자신의 돛배에 태워 호수를 헤쳐 나가며 치료를 하기도 했다. 환자를 위해 노래를 불러 주거나, 의도적으로 무례한 행동을 하기도 하였다.

융은 1900년 출판한 프로이트의 『꿈의 해석The interpretation of dream』을 읽어 보고 프로이트에게 관심을 갖기 시작했다. 그리하여 1906년부터 두 사람 사이에 교신이 시작되었고, 1년 후에는 융이 프로이트를 찾아 비엔나로 갔다. 두 사람은 처음 만나 13시간을 같이 보냈을 정도로 잘 맞았다. 마치 부자간의 상봉 같았다.

융은 프로이트의 다른 제자들과는 달리 프로이트를 처음 만났을 때 이미 정신과 전문의로 명망을 얻고 있었다는 데 주목할 필요가 있다. 그래서 융은 다른 프로이트의 제자들처럼 고분고분하지도 않고 지시대로 따르지도 않았다. 융은 프로이트의 문하생이 되긴 했지만 프로이트의 개념과 치료 방식 등에 전적으로 순종하지 않았으며 비판적이었다. 융은 1912년 『무의식의 심리학The psychology of the unconscious』이란 책을 썼는데, 이 책을 통해 프로이트와 견해를 달리한다는 것을 공식적으로 언급하게 되면 그들의 관계에 금이 갈 것이라 예상해서 두 달이나 출판을 연기했다. 그러나 결국엔 출판하였고, 이로 인해 두 사람의 관계는 돌이킬 수 없게 되었다.

1911년 융은 프로이트의 강력한 추천으로 국제정신분석학회의 초대 회장이 된다. 프로이트는 만약 유대인이 이 그룹의 회장이 되면 반유대주의자들이 정신분석 운동을 방해할 것이라고 생각했다. 프로이트를 따라 정신분석 공부를 하기 위해 모였던 비엔나 정신분석학 회원들은 대부분이 유대인이었기 때문에 유대인이 아닌 융을 대표로 내세운 것이었다.

융이 회장으로 당선된 직후부터 프로이트와의 간극이 두드러지기 시작했다. 융은 자신의 정신분석 체계에서 성의 역할을 강조하지 않았고, 1912년 그의 저서 『무의식의 심리학』이나 미국의 포담 대학에서 했던 강의들에서도 리비도libido에 관해 프로이트와는 다른 견해를 표현하였다. 그래서 두 사람 간의 마찰은 더욱 커지고 서로 간의 교신 관계를 종결하기로 하는 데 합의했다. 1914년에 융이 국제정신분석학회 회장에서 사임하고 학회 탈퇴를 선언하면서 두 사람의 공식 관계는 끊어졌다.

융은 38세가 되던 1913년부터 3년 동안 심한 내적 혼란에 빠졌다. 융은 자신의 건강이 악화되는 동안 가벼운 지적 활동, 심지어는 과학책을 읽는 것조차 할 수 없었다. 그렇지만 이때에도 환자 진료만큼은 계속했다. 융의 정신적 고통은 프로이트와 같은 방식으로 자신의 무의식을 직면하고 알아차림으로써 해결되었다. 비록 융은 자신의 꿈을 프로이트처럼 체계적으로 분석하지는 않 았지만 꿈과 환상으로 나타나는 무의식 충동의 요구를 듣고 그에 따랐다. 융은 프로이트와 마찬가지로 정서적 위기가 오히려 무한 한 창의성을 위한 시간이 되었고 성격에 대한 독특한 접근법을 찾 아내게 되는 계기가 되었다.

1944년 모교인 바셀 대학에서는 그를 위해 의료심리학과를 만들고 그를 과장으로 초빙했다. 그러나 병으로 1년 정도만 머물 렀다. 그는 86세가 될 때까지 열심히 연구하고 글을 쓰고 책을 출 판했으며, 하버드와 옥스퍼드 대학으로부터 명예 박사 학위를 받 았다.

융 심리학의 주요 개념

융은 몇 가지 독특한 심리학 개념을 사용했다. 그는 무의식을 두 단계로 보았는데, 먼저 의식 바로 밑에 있는 것을 개인적 무의 식personal unconscious이라 불렀다. 여기에는 기억, 충동, 원망, 희 미한 지각, 억압하고 있거나 망각하고 있는 개인 생활에서의 경험 내용 등을 포함한다. 다시 말해, 개인적 무의식은 한때는 의식하 고 있었지만 지금은 망각하고 있거나 억압하고 있는 내용이다.

개인적 무의식 밑에 있는 무의식은 집단 무의식collective

unconscious이라고 불렀다. 이것은 개인이 알지 못하는 것으로, 우리의 동물 조상을 포함해서 전 세대의 수많은 조상의 경험이 쌓여 이루어진 것이며, 이처럼 우주적이고 진화적으로 겪은 경험 내용이 인간 성격의 밑바탕을 형성한다고 보았다.

융은 '페르소나' '아니마' '아니무스' '그림자'와 같은 독특한 심리학 개념을 사용했다.

집단 무의식 속에는 유전적으로 전해 내려오는 원형archetypes이라는 것이 있는데 이것이 유사한 상황을 만났을 때 과거 조상들과 유사한 행동을 하게 만든다고 주장했다. 이외에도 '페르소나persona' '아니마anima' '아니무스animus' '그림자shadow'와 같은 독특한 개념들이 자주 언급되고 있다.

융에 대한 평가

융의 생각은 종교, 역사, 문학, 예술 등의 다양한 인문 영역에 영향을 끼쳤다. 역사가들, 신학자들 또는 작가들 중에서 그를 영감의 원천이라고 생각하는 사람이 많다. 그렇지만 과학적 심리학에서는 분석심리학을 크게 인정하려 하지 않는다. 1960년대까지 그의 저작들은 영어로 거의 번역되지 않았고, 매우 복잡한 문장과 비체계적으로 구성된 그의 책은 이해하기 어렵다는 평을 받았다.

전통적 과학 방법에 대한 융의 경멸적인 태도는 많은 실험심리학자에게 그의 분석심리학에 대한 혐오감을 가지게 했다. 그리하여 융을 신비주의자 또는 종교에 바탕을 둔 이론가로 간주하여 프로이트보다 덜 매력적인 인물로 평가하는 사람들도 있었다. 프로이트처럼 융도 그의 이론이 통제된 상황에서 체계적 절차를 거쳐 연구된 것이 아니라 임상적 관찰과 통찰적 해석에 의한 것이라는 비판을 면치 못하고 있다.

그러나 융의 연구는 심리학에 지속적으로 영향을 미치고 있다. 예컨대, 융이 1900년대 초에 개발한 단어연상검사는 실험심리학이나 임상심리학 연구에서 중요하게 활용되고 있다. 또 성격에서 융의 외향성 태도와 내향성 태도, 사고, 감각 및 영감 등의 네 가지 유형의 분류검사는 직원 채용이나 상담 분야에서 널리 사용되고 있다.

융 방식의 정신분석 공식 훈련은 스위스를 중심으로 독일이나 미국에 있는 여러 도시에서 실시되고 있다. 그의 심리학을 전문적으로 연구하는 사람들의 학술 단체인 분석심리학회Society of Analytical Psychology는 『융분석심리학회지Jungian Journal of Analytical Psychology』라는 학술지를 학회의 공식 잡지로 간행하고 있다.

알프레트 아들러

Alfred Adler: 1870~1937

알프레트 아들러의 생애

알프레트 아들러는 1911년 프로이트와 가장 먼저 결별하고 정신분석학에서 처음으로 사회심리학적 입장을 피력하였다. 그는 '사회적 관심'이 성격 발달에 중요한 역할을 한다는 나름의 이론을 개발했다.

아들러는 오스트리아의 비엔나 교외에서 부유한 유대인계의 부모 밑에서 태어났다. 그의 아동기는 질병, 형에 대한 질투심 어머니로부터의 수용 거부로 특징지을 수 있다. 그는 그 자신을 하잘것없고 매력 없는 못난 사람으로 생각했으며, 어머니보다는 아버지를 더 가깝게 느꼈다. 그는 아버지와 가까웠기 때문에 프로이트의 오이디푸스 콤플렉스라는 개념을 받아들일 수 없었다. 어린 시절 아들러는 또래들에게 인기를 얻기 위해서 의도적으로 노력한 결과, 가족 내에서는 찾지 못했던 자존감을 그들 사이에서 발견하게 되었고 수용감을 얻을 수 있게 되었다.

어릴 때 아들러는 크게 영민하지 못했던 것으로 보인다. 아들러의 선생님이 그의 아버지에게 아들러는 재주가 없어 장래 구두 제조공이 된다면 적합하겠다는 말을 했다고 한다. 그러나 인내와 노력으로, 꼴찌에서 상위권으로 올라갈 수 있게 되었다. 그는 자신의 핸디캡과 열등 의식을 극복하기 위해 학과 공부와 사회 활동에 전념했다. 자신의 약점을 보상해 주었던 어린 시절의 경험은 추후 이론화의 바탕이 되었다. 그의 이론의 요점인 열등감 극복은 바로 자신의 어린 시절의 경험을 반영한 것이다.

그는 4세 때 폐렴에 걸려 사경을 헤맨 적이 있었다. 이때부터 그는 장래 의사가 되어야겠다고 결심했고, 1895년 비엔나 대학에서 의학학위를 받았다. 처음에는 안과 전문의였지만 차츰 정신의학에 흥미를 가지면서 1902년 프로이트가 주도하는 비엔나 정신분석학 모임의 네 명의 설립 멤버 가운데 한 사람으로 참여하게 된다. 비록 그는 프로이트와 인간관계는 가까웠지만 성에 대한 견해 차이 때문에 갈라설 수밖에 없었다.

프로이트와 결별한 후 아들러는 프로이트와 다른 독특한 성격 이론을 개발하였는데, 특히 프로이트가 성적 요인을 강조한 것과 대조적인 이론이었다. 아들러는 프로이트를 가리켜 '사기꾼'이라고 하면서 프로이트식 정신분석학을 '쓰레기'라고까지 표현했다. 반면 프로이트는 아들러를 가리켜 '정신이상자' '야망에 미친 자' '망상증 환자' 라고 꼬집었다.

제1차 세계대전 중 아들러는 오스트리아 육군 군의관으로 참전했다. 종전 후에는 비엔나 아동지도임상소를 만들었다. 1920년대 그의 사회심리학 체제를 '개인심리학individual psychology'이라 불렀는데 많은 사람이 이를 추종하였다. 그는 미국에 강의 차 자주 방문하였으며, 뉴욕의 롱아일랜드 의과대학 의학심리학 교수로도 임명되었다.

미국에서 행한 그의 강의와 저술들은 대단한 인기를 끌었다. 그의 인간적 특성, 열망으로 가득 찬 따뜻함이 미국인들에게 인간성 좋은 한 전문가로 인식되게 한 것이다. 아들러는 1937년 영국의 스코틀랜드 지방을 순회하면서 열정적인 강연을 하던 중 67세의 나이로 사망하게 된다.

아들러 심리학의 독특한 개념

아들러는 인간 행동이 주로 생물학적 본능이 아닌 사회적 힘에 의해 결정된다고 믿었다. 그는 인간에게 개인적, 사회적 목표를 성취하기 위해 다른 사람들과 서로 어울리려는 내적 잠재력이 있는데 그것을 '사회적 관심social interest' 이라고 했다. 그리고 사회적 관심은 유아기에 학습 경험을 통하여 발달하고, 행동을 결정하는 데는 무의식보다는 의식이 더 중요하며, 과거보다는 미래가 현재 행동에 더 중요한 영향을 미친다고 설명했다.

아들러는 자기 자신의 삶이 그러했던 것처럼 열등감^{inferiority} feeling을 행동을 동기화하는 힘의 원천으로 제안했다. 처음에는 열등감을 신체적 결함과 관련시켰지만 나중에는 신체적, 정신적, 사회적 핸디캡, 나아가 실제나 상상에 따른 열등감까지도 모두 포함시켰다.

어린 시절의 무기력함이나 타인에 대한 의존심은 열등감을 형성하게 된다. 따라서 열등감은 모든 사람이 경험하게 되는 느낌이다. 그런데 이 열등감을 극복하겠다는 생각을 의식적으로 하게 되면 자아를 좀 더 나은 곳으로 나아가도록 밀어붙이는 본능적인 힘이 촉발된다. 그는 이 힘을 살아가는 동안 계속 촉발시키면 위대한 성취가 이루어진다고 믿었다.

그는 정상적으로 생기는 열등감이 제대로 보상받지 못할 때 발생하는 조건을 열등복합^{inferiority complex}이라 하였고, 이를 방치하면 삶의 문제에 적절히 잘 대처하지 못하게 발목을 잡는다고 생각했다.

아들러에 대한 평가

아들러의 이론은 인간성이 성적인 힘에 의해 지배당하고 아동기 경험에 의해 결정된다는 프로이트의 견해에 동의하지 않았는데 이것이 많은 사람으로부터 환영받았다. 아들러의 생각은 자신의 성장과 운명은 자신이 의식적으로 노력함에 따라 스스로 결정할 수 있다는 낙관적 견해에 바탕을 두었다. 따라서 아들러는 인간성을 보다 좋고 만족스러운 상태로 만들 수 있고 또한 낙천적으로 바꾸어 놓을 수 있다고 믿었다.

아들러의 이론은 일상생활에서의 관찰을 통해 나온 것이기 때문에 피상적이라는 비판을 받는다. 이 비판의 옳고 그름에 대해서는 여전히 논쟁 중이지만 아들러의 관찰은 예리하고 통찰적이며 공감을 일으킨다고 할 수 있다.

그러나 과연 우리의 행동을 결정짓게 하는 그 힘이 무엇인지, 왜 사람들은 자신의 열등감을 잘 조정하지 못하는지, 이 조정 과정에 작용하는 유전이나 환경의 상대적 역할은 어떠한지 등의 의문은 여전히 남는다. 끝으로, 아들러의 심리학은 뒤에 나오는 에이브러햄 매슬로의 인본주의 심리학이나 오늘날 각광을 받는 긍정심리학에 직간접적으로 많은 영향을 미쳤다.

카렌 호나이
Karen Horney: 1885~1952

카렌 호나이의 생애

카렌 호나이는 베를린에서 주로 활동한 프로이트 학파의 여성 정신분석가다. 호나이는 프로이트의 체계를 좀 더 확장하고 개조하려고 했지만 그의 입장을 기본적으로 반대하거나 달리하려고 하지는 않았다.

그녀는 독일 함부르크의 유대계 가정에서 태어났다. 아버지는 대단히 까다로운 성격을 지닌 선장으로, 어머니와 나이 차이가 많았다. 어머니는 한때 호나이에게 나는 너의 아버지가 죽기를 바란다고 말할 정도로 거침없는 여인이었다. 호나이의 어린 시절은 목가적이지 않았다. 그녀의 어머니는 오빠만을 편애하고 그녀를 받아들이는 것은 거부했다. 아버지는 끊임없이 호나이의 용모와 재주를 하찮게 보았다. 그래서 그녀는 심한 무력감과 상실감 상태에 빠져 있었다. 어린 시절 그녀가 경험했던 사랑의 결핍감이 그녀 생각의 핵심인 '기본불안^{basic anxiety}'이란 개념을 만들어 내는 계기가 되었다. 호나이의 경우도 어린 시절 자신이 겪은 개인적 경험을 바탕으로 자신의 성격이론의 핵심을 만들어 낸 것이다.

아버지의 무시와 강력한 반대에도 불구하고 호나이는 베를린대학의 의과대학에 들어갔고 1913년 의학학위를 수여받았다. 1914년부터 1918년까지 베를린 정신분석연구소에서 정신분석 훈련을 받았고, 1919년부터 개업의로 활동했으며, 그 후 베를린 정신분석연구소에 소속된 의사가 되었다. 그 사이에 결혼하여 세 딸을 얻었지만 우울증에 걸려 매우 고생하였다. 그녀는 오랜 기간동안 결혼생활의 어려움뿐만 아니라 불행감과 압박감으로 욕설을 해 대고, 복통, 만성 피로감, 강박 행동에다가 자살 충동에까지 사로잡힐 정도로 정신적으로 피폐해졌고 삶은 엉망진창이었다.

남편과의 사이에서 몇 가지 곤란한 일을 겪으면서 호나이는 앞으로 남아 있는 인생 동안 남편이 과연 나를 수용해 줄 수 있을 것인지에 대한 의문 때문에 이혼하게 되었다. 그녀에게 지속되는 문제는 정신분석가이자 한참 후배였던 에리히 프롬과의 애정 관계였다. 프롬과의 관계가 끝났을 때 호나이는 망연자실하였다. 그녀는 우울증과 성격 문제를 치료하기 위해 정신분석을 받았는데, 그녀를 치료해 준 분석가는 그녀가 어린 시절 강력한 아버지에 대

한 오이디푸스적 동경이 반영된 까닭에 강력한 남자에게 사랑과
애착을 갈구했던 것이라고 말했다.

호나이는 프로이트식의 정신분석이 자기 자신의 문제 해결에
도움이 되지 않는다는 것을 알게 되면서 자기 분석으로 방향을 전
환하여 평생 동안 전념한다. 신체적인 매력이 없다는 것이 열등의
식의 주된 원인이 된다는 아들러의 견해에 매료되어, 호나이는 자
신이 힘들게 의학 공부를 하고 문란한 성 생활을 한 것은 자신을
여자로 생각하기보다는 강력한 힘을 가진 남자처럼 생각했기 때
문이란 것을 알게 되었다. 이렇게 남자처럼 행동하는 것이 일시적
으로는 우월감을 느끼게 하는 데 도움이 되었지만 사랑의 갈구를
끝나게 하는 것은 아니었다. 그녀는 많은 젊은 남자를 교제 대상으
로 삼았는데 이 남자들은 호나이 자신이 정신분석 훈련을 지도하
고 있던 젊은 의사들이었다. 그들과의 관계는 일시적인 것이었을
뿐, 호나이는 그들에게 매달리지 않은 채 초연하게 행동했다. 그녀
는 자신이 관계하는 남자가 자신과 결혼할 관계인지 또는 일시적
으로 즐기기만 할 관계인지에 대해서는 별로 신경 쓰지 않았다.

호나이는 15년 이상 많은 논문을 썼는데 대부분이 여성의 성
격에 관한 것들과 프로이트와 의견을 달리하는 개념에 관한 것들
이었다. 호나이는 1932년 시카고 정신분석연구소의 부소장이 되
어 미국으로 이민을 갔다. 1934년부터는 개인 정신치료 개업을
하고 뉴욕 정신분석연구소에서 강의도 했지만 정통 프로이트 학
파와 마찰이 심해져서 이 연구소와는 결별하고, 미국 정신분석연

구소를 새로 설립하여 1952년 죽을 때까지 이 연구소의 소장으로
일했다.

호나이 정신분석학의 독특한 개념

호나이는 '기본불안' 이라는 독특한 개념을 사용하였다. 그녀
는 이 개념을 어릴 때 잠재적으로 적대적인 세계 속에서 고립된
채 무기력한 느낌을 가지고 있던 심리 상태라고 정의한다. 이 기
본불안 개념은 호나이 자신의 어린 시절 느낌을 특징적으로 나타
낸 것이다. 기본불안은 사랑과 보호 없는 부모의 일방적인 지배와
일관성 없는 변덕스러운 '행동' 으로부터 생기는 것이다. 아동과
부모 사이의 관계를 악화시키는 그 어떤 것이든 기본불안을 만들
어 낼 수 있다. 그러므로 기본불안은 본유적인 것이라기보다 아동
기 환경 속에서 부모와의 관계에서 오는 사회적 힘이나 상호작용
으로부터 일어날 수 있는 것이다.

호나이는 행동을 동기화하는 힘이 본능이라는 프로이트의 관
점을 취하는 대신, 고립무원한 아이가 위협적인 세계에서 안전을
찾고 공포로부터 자유를 찾으려는 욕구에 의해 촉발된 것이 본능
이라고 보았다. 호나이는 아동의 성격 발달이 성적 요인에 따른다
는 프로이트의 관점과는 다르게 아이가 자신이 처한 사회, 문화,
환경적 요소들에 의존한다는 점을 강조했다.

호나이는 기본불안에서 파생되는 신경증적 행동 패턴을 세 가지로 요약했다. 첫째는 다른 사람을 일방적으로 따르고, 지배적인 파트너로부터 승인받으려 하고, 사랑받으려 하는 욕구를 나타내는 고분고분한 순종적 성격compliant personality이다. 둘째는 사람의 지배로부터 벗어나 관계를 끊고, 독립적이고, 회피적인 욕구를 표현하는 초연한 성격detached personality이다. 셋째는 다른 사람에게 반대적으로 행동하면서 힘, 권위, 위엄, 성취를 표현하려는 욕구를 보이는 공격적 성격aggressive personality이다.

호나이에 대한 평가

신경증을 피할 수 있다는 호나이의 견해는 많은 심리학자와 정신의학자로부터 환영을 받았다. 또한 성격 발달에 있어 본능적인 힘보다는 사회적인 힘이 더 중요하다고 강조한 그녀의 견해는 매우 가치 있는 것으로 인정받았다.

그러나 호나이의 이론도 프로이트, 융, 아들러의 이론처럼 임상 관찰에 기초하고 있기 때문에 과학적으로 입증되지 못한 점이 한계로 나타나고 있다. 비록 호나이가 많은 제자를 양성하지 못했고 자신의 관점을 자세하게 언급한 논문도 많지는 않지만 그녀의 영향력은 상당하다.

지금도 카렌 호나이 정신분석센터는 뉴욕 시에 그대로 남아

있으며, 1960년대 여성운동이 시작될 때 쓴 그녀의 여러 저서는
큰 주목을 받았다. 그녀가 80년 전에 시작했던 여성운동이 현재
까지도 활기를 띠고 있다는 것은 참으로 놀라운 일이다. 호나이는
1922년부터 처음으로 여성심리학을 연구했고, 1933년 국제정신
분석학회 발표대회에서 여성 문제에 관한 주제를 처음 발표한 세
계 최초의 여성이었다.

에리히 프롬

Erich Fromm: 1900~1980

에리히 프롬의 생애

에리히 프롬은 정신분석을 훈련받고 정신 치료가가 되기 전 의학을 전공하지 않고 심리학과 사회학을 전공한 특이한 이력의 소유자다. 특히 사회학에 대한 관심 때문에 그의 이론은 심리학보다는 사회철학 쪽으로 더 많이 기울어진 특징이 있어 흔히 그를 사회사상가의 한 사람으로 보기도 한다.

프롬은 1900년에 독일 프랑크푸르트의 유대계 가정에서 외동아들로 태어났다. 부모는 모두 신경증 환자로, 아버지는 우울증에 불안이 심했고 어머니도 수시로 우울증을 보였다. 12세 때 프롬은 한 친척이 납득이 안 가는 자살을 하는 것을 보고 심한 혼란에 빠진 적이 있다. 10대 때는 원한과 히스테리 그리고

제1차 세계대전으로 인한 대량 학살을 목격하고 난 후 심한 충격
에 빠진다.

프롬은 이러한 비합리적인 행동을 본격적으로 이해하려고 하
이델베르크 대학에 진학하여 철학, 심리학, 사회학을 공부한다.
그는 1922년 철학박사 학위를 받고 난 후 뮌헨과 베를린에서 정
신분석학 훈련을 받는다. 1934년 나치의 만행을 목격한 후에는
미국으로 망명하여 처음에는 시카고 정신분석연구소에서 강의하
다가 뉴욕으로 가서 개인치료소를 운영한다.

그는 미국의 여러 대학과 연구소에서 강의하고 난 후 멕시코
대학으로 가 그곳 의과대학에 정신과를 만든다. 1965년 멕시코
대학을 퇴임한 후 1971년까지 미국과 멕시코를 오가면서 강의와
컨설팅 활동을 계속하다가 말년엔 스위스로 옮겨 간다. 그리고
1980년 스위스의 우랄토에서 사망한다.

프롬의 심리학 체계

프롬은 인간은 방종적인 자유로운 존재로부터 보다 안전한 존
재로 돌아가려는 동기를 가지고 있다고 생각했다. 프롬의 체계에
서 인간 존재의 주요 동기는 본능적 충동을 만족하는 것이 아니라
안전한 존재적 상태를 지향하는 것이다. 그는 『자유로부터의 도
피Escape from freedom』라는 저서에서 독일 사람들이 제1차 세계대

전의 패전 후 나치즘에 끌리는 것은 나치즘이 방종적인 자유로부터 도피하여 안전과 의존적 상태로 갈 수 있게 유도했기 때문이라고 설파하였다. 달리 말하면 인간성이 성과 같은 생물학적 요인이 아닌 문화적, 사회적 요인에 따라 결정된다는 것이다.

프롬은 안전감을 주는 사회제도가 권위주의적 제도와 인간주의적 제도라고 언급했다. 그런데 권위주의 제도는 노예화나 예속화를 가져오는 완고한 제도이기 때문에 인간적 가능성을 충분히 실현할 수 없는 나쁜 제도라고 반대했다. 대신 '인본적 공산사회주의humanistic communitarian socialism' 제도가 효과적인 해결책이라고 생각했다. 이 제도하에서 사람들은 서로 간에 따뜻한 동료애를 느낄 수 있기 때문에 소외에서 벗어나 안전을 취할 수 있다는 것이다.

프롬은 사람들이 외로움과 불안으로부터 벗어나기 위해 나름의 방책들을 쓰는데, 그 방식이 바로 수용적, 착취적, 저장적, 시장적, 생산적 방식의 성격 양상을 보인다고 했다. 그는 이 중에서 생산적 방식만이 합리적이고 건강한 행동 방식이며, 나머지 방식은 정신병리적 방식이라고 주장했다.

프롬에 대한 평가

프롬이 주장하는 바의 요점은 한 인간과 그를 둘러싸고 있는 사회의 상호 관계다. 그는 인간의 자질을 충분히 구현할 수 있는 이상적인 사회를 만들어 내는 능력이 우리 인간에게 있다는 낙관적인 태도를 보였다. 이런 낙관적 태도가 인간다운 세계를 구현할 수 있는 희망을 주기 때문에 많은 사람이 그의 입장을 환영한다.

그러나 프롬은 그의 이론을 지지받기 위한 경험적 자료를 제공하지 못했다는 비판을 받는다. 그럼에도 프롬의 업적은 대중에게 큰 인기가 있어 그의 많은 저작물은 엄청난 독자를 가진 베스트셀러가 되었다. 그의 대표적 저서로는 『소유냐, 존재냐To have or to be』가 있다.

에이브러햄 매슬로

Abraham Maslow: 1908~1970

에이브러햄 매슬로의 생애

에이브러햄 매슬로는 인본주의 심리학의 정신적 아버지라 불린다. 그의 어린 시절은 지극히 불행했다. 그는 러시아에서 이민온 유대인계로서 뉴욕의 빈민가 브루클린에서 7형제 중 맏이로 태어났다. 그의 소년 시절은 악몽 같았다. 하루는 길 잃은 두 마리의 새끼고양이를 발견하고는 사랑해 주고 싶고 가까이 하고 싶어 집으로 데려왔다. 그런데 어머니가 고양이를 빼앗아 벽에다 집어던져 참혹하게 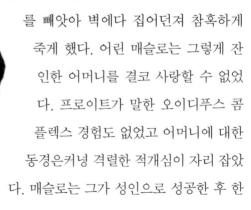 죽게 했다. 어린 매슬로는 그렇게 잔인한 어머니를 결코 사랑할 수 없었다. 프로이트가 말한 오이디푸스 콤플렉스 경험도 없었고 어머니에 대한 동경은커녕 격렬한 적개심이 자리 잡았다. 매슬로는 그가 성인으로 성공한 후 한 인터뷰에서 "나의 아동기로 미루어 볼 때 내가 정신병자가 되지 않았다는 것이 신기하다. 나의 가족은 가엾은 가족이었고 내 어머니는 잔혹한 존재였다."라고 언급했다.

그는 외로웠고, 사랑받지 못했으며, 바람직하지 못하게 자랐다. 그는 친구도 없었고 무기력한 아버지로부터 별 도움도 받지 못했다. 아버지는 매사에 초연한 듯 멀찍이 떨어져 가족들에게는 무관심했고 술, 싸움질, 계집질을 일삼았다. 매슬로는 아버지에 대해서도 분노와 적개심을 가졌고 어머니와의 관계는 최악이었다. 어머니는 조그마한 잘못에 대해서도 심하게 매질했고 신神조차도 너를 저주하고 벌줄 것이라고 야단쳤다. 매슬로는 자기를 그처럼 학대한 어머니를 결코 용서할 수 없다고 했으며, 그의 어머니가 돌아가셨을 때 장례식에도 참석하지 않았다. 어머니와의 나쁜 관계는 정서적 삶뿐만 아니라 심리학 연구에도 큰 영향을 미쳤다. 그는 "나의 인생 철학 및 나의 모든 연구와 이론화의 바탕에는 어머니에 대한 깊은 반감이 있다."고 말할 정도였다.

사춘기 때는 또 다른 문제로 괴로워했다. 큰 코 때문에 얼굴이 지독히 못생겼다고 생각한 그는 심한 신체적 열등감에 사로잡혔다. 매슬로는 유명한 운동선수가 되면 문제가 해결될 것이라고 믿었다. 그러나 운동에서 두각을 나타내지는 못했고 공부로 열등감을 극복하겠다고 결심했다. 그때부터 지역의 도서관이 놀이터가 되었고 읽고 공부하는 것이 외로움으로부터 벗어나는 유일한 길이 되었다.

그는 코넬 대학에 들어가 심리학의 첫 강의로 구성주의자인 티치너 교수의 강의를 듣고는 너무나 무섭고 피도 눈물도 사랑도 없는 무자비한 강의라고 생각해 달아나고 말았다. 그 후 위스콘신 대학으로 가서 행동주의 심리학을 만나 원숭이의 사회적 지배성과 성 행동과의 관계성 연구로 1934년 박사 학위를 받는다. 당시 매슬로는 행동주의에서 중시하는 기계론적 자연과학 방법이 이 세상의 모든 문제에 답을 줄 수 있을 것이란 확신을 갖고 열렬한 행동주의 심리학자가 되었다.

그러나 얼마 지나지 않아 행동주의가 너무나 제한적이고 인간 문제의 적용에는 합당치 않다는 것을 인식하게 되었다. 그는 지식을 얻게 되고, 철학 공부를 하고, 게슈탈트 심리학과 정신분석학 공부를 하게 되면서 행동주의에서 일찍이 맛보지 못했던 감동을 받았다.

매슬로는 나치를 피해 미국으로 온 아들러, 호나이, 코프카, 베르트하이머와의 만남을 통해 큰 영향을 받았다. 특히 게슈탈트 심리학자 막스 베르트하이머와 여류 인류학자 루스 베네딕트[Ruth Benedict]에 감동을 받아 '심리적으로 건강한 자기실현자의 특성'이란 유명한 연구를 시작하게 된다. 베르트하이머와 베네딕트는 매슬로에게 최상의 성숙한 인간 모델이 된다.

매슬로는 1941년 일본이 하와이의 진주만을 공습하면서 시작된 제2차 세계대전에 미국이 참전하게 된 것을 보고 심한 충격을 받는다. "그 순간 나의 모든 삶이 뒤바뀌었다. 그리고 앞으로 내가 해야 할 일들을 결정하게 되었다."라고 매슬로는 언급했다. 그는 최고의 인간적 이상을 다룰 수 있는 심리학을 개발해 나가는 데 자신의 일생을 바칠 것이라 다짐했다. 그는 인간의 성격을 보다 성숙하게 향상시키려고 노력했다. 그는 사람들이 미워하고, 편견에 사로잡혀 있고, 전쟁에 몰입하기보다는 고귀하고 성숙한 행동을 할 수 있는 모습을 보여 주길 바랐다.

당시 매슬로는 뉴욕 시립 브루클린 대학의 교수로 있었는데, 그 대학은 인간 지향적 심리학을 시도하기에는 적절하지 못한 곳이었다. 행동주의에 대한 일방적인 관점과 호감을 가지고 있던 동료 심리학자들이 그를 배척했기 때문이다. 학생들은 매슬로의 생각에 흥미를 가지고 그를 따랐지만 동료 교수들은 그를 기피했다. 사실 그의 심리학은 당시의 심리학 입장에서 볼 때 정통적인 방법에서 심하게 일탈되어 있었고, 정통 행동주의 입장과도 거리가 멀었기 때문이었다. 그래서 주요 심리학 학술지의 편집진조차도 그의 논문을 게재해 주는 것을 거부했다.

1951년부터 브랜다이스 대학으로 옮겨 가 18년간 재직했는데, 이 기간에 매슬로는 그의 이론 체계를 개발하고, 더욱 정교한 형태로 가다듬었으며, 몇 권의 대중서도 발간하였다. 그는 감수성 집단 운동을 지지하였고 1967년에는 드디어 미국심리학회 회장으로 당선된다.

1960년대 매슬로는 심리학의 기성 가치관에 대항하는 운동으로 명성을 날리고 영웅 대접을 받는다. 그리하여 그가 소년 시절부터 그처럼 갈망해 오던 명성과 영광을 누리게 된다. 그리하여 매슬로는 아들러가 말했던 것처럼 어린 시절의 열등의식으로부터 성공적으로 보상을 받게 된 전형적인 인물이 되었다.

매슬로 이론의 주요 개념: 자아실현

매슬로는 모든 인간은 '자아실현self-actualization' 이라는 내재적 욕구를 소유하고 있다고 주장한다. 자아실현은 인간 욕구의 최고 단계로서, 우리가 가진 모든 자질과 능력을 능동적으로 쓸 수 있는 것을 말한다. 다시 말해 우리의 잠재능력을 최대한 개발하고 활용할 수 있는 단계다.

매슬로는 최종 단계인 자아실현 욕구 단계까지 도달하기 위해서는 생리적 욕구, 안전의 욕구, 소속감과 사랑의 욕구, 존경의 욕구를 차례로 거쳐 올라가야 한다는 욕구 5단계 모델을 제시했다.

매슬로는 자아실현 욕구를 실현한 건

매슬로우의 욕구 5단계 모델

강하고 성숙한 사람들의 공통 특성을 찾았는데 이런 자아실현자는 전체 인구 중 1% 미만 정도의 극소수라고 했다. 매슬로는 이런 자아실현자의 표본으로 아인슈타인, 루스벨트, 링컨, 카버, 베르트하이머 등을 선정하고 이들의 성격 특성을 분석하여 다음과 같은 11가지 공통 특성이 있다는 것을 밝혀냈다.

1. 현실에 대한 객관적 지각력
2. 자기 자신의 성품에 대한 충분한 수용감
3. 하는 일에 대한 전념과 헌신감
4. 행동의 단순성과 자연성
5. 자율성 · 프라이버시 · 독립성에 대한 욕구
6. 강력한 신비감 또는 정상 경험
7. 모든 인간에 대한 공감과 애정
8. 무비판적 동조에 대한 저항감
9. 민주적 성격 구조
10. 창의적인 태도
11. 높은 수준의 '사회적 관심'

매슬로에 대한 평가

비록 처음에는 매슬로의 연구 방법과 연구 대상이 주관적이고 제한적이어서 그의 자료에 대한 타당성을 인정하기 어렵다는 평이 있었지만 그 후 자아실현자의 특성과 욕구 5단계의 타당성을 입증하는 연구들이 계속하여 나오고 있다. 예컨대, 연구자들은 안전의 욕구, 소속감과 사랑의 욕구, 존경의 욕구와 같은 상위 욕구를 성취한 사람들이 성취하지 못한 사람들에 비해 노이로제적 행동을 보일 가능성이 적다는 점을 입증하였다. 또한 존경의 욕구에 높은 점수를 보인 사람들은 자기 가치, 자기 신뢰, 자신감 등에서도 높은 점수를 보인다는 것이 증명되었다.

매슬로의 이론은 심리학을 넘어 교사, 카운슬러, 기업가, 고급 관료, 건강관리 전문가들에 이르기까지 광범위한 영향을 주었다. 그의 심리학은 오늘날의 긍정심리학 운동의 선구자 역할을 했다는 평도 받는다. 그러므로 20세기에 제시된 매슬로의 심리학은 21세기 미래 심리학의 중요 화두가 된 것이다.

칼 로저스

Carl Rogers: 1902~1987

로저스의 생애

칼 로저스는 인간중심치료person-centered therapy라는 새로운 심리치료 방법을 개발한 사람이다. 로저스도 매슬로의 자아실현 개념과 유사한 단일 동기 요인에 바탕을 둔 성격이론을 전개하였다. 그러나 로저스는 매슬로와는 달리 정서적으로 건강하고 인격적으로 성숙한 사람들의 연구가 아니라 심리상담소에서 내담자들을 대상으로 치료한 경험으로부터 아이디어를 얻은 것이었다.

로저스는 사람들이 자신의 생각과 행동을 바람직하지 못한 것에서 점차 바람직한 방향으로 바꾸어 나갈 수 있다고 확신했다. 그는 성격이 무의식의 힘이나 어린 시절의 경험에 따라 결정되는 것이 아니라 현실을 어떻게 지각하여 받아들이는가에 따라 바뀔 수 있다고 믿었다.

로저스는 시카고 교외의 오크파크에서 태어났다. 그의 부모는 엄격한 정통파 기독교인으로서 그는 어린 시절부터 청년기까지 철저하게 금욕적인 삶을 살았다. 말하자면 그의 삶은 종교적 신념을 따르고, 정서 표현을 억압하고, 자기 자신이 원하는 대로가 아닌 규칙에 따라 강요당하는 삶이었다. 이러한 지속적인 구속과 제한 때문에 저항이 곧 내부로부터 폭발할 것이라고 예측되곤 했다.

그는 끊임없이 독서를 하는 외로운 소년이었다. 그는 그의 형이 부모의 사랑을 독차지하고 있다고 믿어 자신이 언제나 형과 경쟁 관계에 있다고 생각했다. 그의 어머니가 로저스를 가리켜 즐거움을 상실한 녀석이란 평을 할 정도로 우울하고 불행했다.

그는 그것이 사전이나 백과사전일지라도 자신이 발견한, 읽을 수 있는 무엇이건 마구 읽어 댔다. 그의 고독은 어린 그를 이처럼 자기 세계 속에만 안주하게 했는데, 이런 고통스럽고 고립된 경험이 결국에는 그가 인간의 성격을 이해하는 기초가 되었다.

로저스가 12세 때 그의 가족은 시골에 있는 농장으로 이사를 갔는데, 그는 그곳에서 자연에 대해 강렬한 흥미를 느끼게 되었다. 그는 농업에 관해 실험하고 농사 문제를 해결하기 위해 자연과학에 관한 책을 두루 읽었다. 그러나 이런 종류의 독서가 그의 지적인 삶에는 도움이 되었지만 그의 정서적 삶에는 오히려 혼란을 일으켰다. 그는 "농장에 살고 있을 때 나의 환상은 괴기했는데, 만약 그때 심리진단을 받았더라면 정신분열증으로 진단받았겠지만 다행히도 심리검사를 받지 않았다."고 자서전에서 밝혔다.

농학을 전공하기 위해 위스콘신대 농과대학에 진학한 로저스는 대학 3학년 재학 시절 중국 베이징에서 열렸던 크리스천 학생 연맹의 미국 대표로 참가하게 된다. 이때 그는 부모의 엄격한 통제로부터 해방되어 자유로운 삶을 맛보게 된다. 이를 계기로 그는 다른 사람의 의견에 따라 행동하기보다 자기 자신의 의견에 따라 삶의 지침을 선택해야만 한다고 확신하게 되었다. 그는 자신을 향상시키기 위해서는 능동적으로 노력해야 한다고 강조했는데, 바로 이런 능동성이 그의 성격이론의 핵심 개념이 되었다.

베이징에 머무는 동안 맛본 자유와 엄격한 부모의 통제에서 해방된 기분으로 귀국했지만 얼마 지나지 않아 로저스는 몸과 마음에 큰 이상이 생겼다. 그는 위궤양으로 입원하게 되는데 위궤양 발병의 원인이 구속된 삶이 주는 스트레스 때문이라는 것을 알게 되었고, 일 년간 집에서 쉰 후 복학하게 된다. 로저스는 졸업한 뒤 뉴욕에 있는 유니언 신학대학원에 진학하였는데 보다 보수적이고 종교적인 학교를 선호했던 부모와 심한 의견 충돌을 겪었다. 유니언 신학대학원에서는 현대적이고 자유롭게 종교에 접근하였고, 그가 흥미진진하게 생각해 오던 부적응에 따른 임상심리학적 문제를 다룬다는 것을 알게 되었다.

그는 신학대학원 근처에 있는 컬럼비아 대학에서 임상심리학과 교육철학 등의 강의를 듣게 되었다. 그는 이런 강의를 통해 종교의 한계를 벗어나지 않고서는 자유로운 방식으로 남들과 대화하고 남을 도울 수 없을 것이라고 생각하게 되었고, 신학 공부를 통해서는 이런 목적을 이룰 수 없을 것이라 결론지었다. 그래서 그는 신학대학원을 그만두고 컬럼비아 대학원 박사과정에 들어가 심리학 강의를 듣고 깊은 감명을 받았다.

로저스는 1931년 컬럼비아 대학에서 임상 및 교육심리학 전공으로 박사 학위를 받았다. 아동학대예방단체에서 9년간 비행 및 지체장애 청소년을 대상으로 일했고, 1940년 오하이오 주립대학에서 교수직을 맡게 된 후 시카고 대학과 위스콘신 대학에서도 교수직을 맡았다. 대학에 있는 동안 그는 그의 이론과 심리치료 방법을 개발하고 보다 정교하게 가다듬어 나갔다.

그는 대학에서 일하는 동안 심한 정신장애를 가진 한 환자를 도와주는 데 실패해서 그 자신이 신경장애에 걸린 적도 있었다. 로저스는 당시에 "한 사람의 치료자로서 완전한 무능감, 한 사람의 개인으로서 무가치감 그리고 한 사람의 심리학자로서 자질 부족에서 느끼는 무력감으로 자신이 산산이 부서지는 느낌"을 받았다고 기술했다. 다행히도 그는 이 세 가지 무능감이 잘못되었다는 것을 곧 알게 된다.

로저스의 임상 경험은 주로 그가 대학에 있을 때 심리상담소로 찾아온 대학생들을 대상으로 한 것이었다. 그러므로 그가 다룬 내담자는 젊고, 지적이고, 언어 구사력이 좋은 정상인이었다. 따라서 그들이 보이는 문제는 심각한 정서적 장애라기보다는 주로 심리 적응상의 장애였다. 프로이트나 그 밖의 정신과 의사들이나

임상심리학자들은 심한 정신장애자를 다루었다는 점에서 차이가
있었다.

로저스 이론의 주요 개념

　로저스는 성격에서 동기화하는 가장 큰 힘은 자기를 실현하고
자 하는 동기라고 했다. 자기실현을 하려는 동기가 내재적이기는
하지만 아동기의 경험이나 학습으로 도움을 받을 수도 있고 방해
를 받을 수도 있다고 말했다. 로저스는 특히 자아감이 자라나는
아동기에 어머니와의 관계가 중요하다고 강조했다. 만약 어머니
가 사랑받고 싶어 하는 아동의 욕구를 만족시켜 준다면 아동은 건
강한 성격으로 자랄 수 있다고 보았다.

　만약 아동에 대한 어머니의 사랑이 아동이 적절한 행동을 보
일 때만 주어진다면 아동은 어머니의 태도를 내면화해서 가치 있
는 조건만을 개발해 나간다. 즉, 아동은 오직 어떤 조건하에서만
그 행동을 할 것이고, 반면 인정받지 못할 행동은 아예 회피하려
고 할 것이다. 그렇게 되면 아동의 자아는 완전하게 자라지 못한
다. 아동이 거부감을 불러올 행동을 알아서 그것을 억압해 버림으
로써 자연스럽게 표현하지 못하게 될 것이기 때문이다.

　그러므로 한 인간이 심리적으로 건강하게 성장하기 위한 일차
적 요건은 아동기의 무조건적인 긍정적 존중이다. 즉, 어머니가

아동의 행동을 비판 없이 수용하고 사랑을 보여 주는 것이다. 이렇게 자란 아이는 자신의 감정을 일부러 억압하거나 가치 지향적일 필요 없이 자기를 자연스럽게 실현할 수 있다.

로저스의 자아실현은 정신건강의 최고 상태를 말하는 것으로, 매슬로의 자아실현과 유사하다고 할 수 있다. 로저스는 심리적으로 건강한 사람은 모든 경험에 대한 개방감과 경험의 평가에 대한 신선함, 모든 순간 충실하게 살아가려는 경향성, 이성이나 남의 의견에 따르기보다는 자신의 본능에 따르는 능력, 사고와 행동하는 데 있어 자유로운 감정 표현, 높은 수준의 창의성, 자신의 잠재력을 극대화하기 위한 지속적인 욕구와 같은 특성을 갖는다고 했다.

로저스에 대한 평가

로저스의 독특한 인간중심치료는 심리학에 중요한 영향을 미쳤다. 로저스의 이론은 심리학에 신속하게 수용되었는데 그 주된 이유는 제2차 세계대전이 종전된 1945년경의 미국 사회의 특수한 상황 때문이었다. 군대에서 사회로 돌아온 수많은 참전용사는 빨리 사회에 적응해야 했고 이러한 기술을 가르쳐 줄 수 있는 심리학자들이나 효과적인 상담 기법이 필요하게 되었던 것이다. 전통적인 정신분석가라면 의학학위와 몇 년에 걸친 전문가 훈련이 필요했던 반면에 로저스의 인간중심치료는 간단했으며, 치료가가 되기 위한 준비 기간도 길지 않았다. 즉, 그 당시의 시대적 요구에 적합한 것이었다.

　로저스의 인간중심치료는 상담심리학과 심리치료 분야에 엄청난 영향을 미쳤고 심리학자, 사회사업가, 상담가에게 널리 활용되었다. 50개 이상의 상담 및 심리치료 전문 학술지와 전 세계적으로 200여 개 이상의 기관에서 인간중심치료를 실시하게 되었다. 로저스는 1946년 미국심리학회 회장이 되었고 공로상도 수상했다.

참고
문헌

Benjamin, L. T. (2007). *A brief history of modern psychology.* Molden, MA: Wiley-Blackwell.

Goodwin, C. J. (2012). *A history of modern psychology.* Hoboken, NJ: John Wiley & Sons.

Goodwin, C. J. (2004). **현대심리학사**(박소현, 문양호, 김문수 역). 서울: 시그마프레스. (원전은 1999년에 출판).

Hergenhahn, B. R., & Henley, T. B. (2004). *An introduction to the history of psychology.* Belmont, CA: Wardsworth.

Kendler, H. H. (1997). **심리학사**(이승복, 이현진, 김혜리, 김영란 역). 서울: 학문사. (원전은 1987년에 출판).

King, D. B., Viney, W., & Woody, W. D. (2009). **심리학사: 사상과 맥락**(임성택, 안범희 역). 파주: 교육과학사. (원전은 2009년에 출판).

Shultz, D. P., & Shultz, S. E. (2012). *A history of modern psychology.* Belmont, CA: Wardsworth.

Smith, N. W. (2001). *Current systems in psychology: History, theory, research & Applications.* Belmont, CA: Wardsworth.

찾아
보기

ㄱ

가현운동 174
감각 42, 52
감정 상태 52
강화의 법칙 123
개인심리학 239
개인적 무의식 234
개인차 심리학 67
개인차 연구 97
게슈탈트 심리학 172, 189
경험론자 12
공격적 성격 246
관념론 운동 28
구성주의 45
구성주의 심리학 51
그림자 235
기능 58
기능주의 102, 115
기능주의 학파 58
기본불안 243, 245
기분 43
기분의 3차원설 43
꿈의 분석 216

ㄴ

낮 풍경 28
내성법 41
내적 통제자 169

ㄷ

단순관념 21
대리보상 166
동물심리학 122
동물자기 202
동형이성 190

ㅁ

매개변인 154
메스머리즘 203
모나드 199
목적성 행동주의 154
미국심리학회 88

ㅂ

반응압축 29
밤 풍경 28
복합관념 21
분석심리학 230
불사용의 법칙 127
비교심리학 66

ㅅ

사회인지이론 166
사회적 관심 239
사회행동주의 138

생활공간 188
송과체 17
순종적 성격 246
스키너 상자 163
시카고 학파 103
신프로이트 학파 228
신-신행동주의 138
신행동주의 138
실존심리학 53
실증주의 11
심리학 실험실 38, 41
심상 42, 52
심신관계론 16

ㅇ
아니마 235
아니무스 235
역치 199
연결주의 126
연습의 법칙 127
열등감 240
열등복합 240
영-헬름홀츠의 색채시각이론 24
오이디푸스 콤플렉스 206
외적 통제자 169
욕구 5단계 모델 256
원형 235
인간중심치료 259, 264
인본주의 심리학 229

ㅈ
자아실현 178, 256
자연도태 65
자유연상법 215
장이론 186

전이 213
정신능력 검사 97
정신병리학 199
정신분석학 196
정신적 반사 133
정신화학 21
조건반사 132, 133
집단 무의식 234

ㅊ
청각의 장소설 25
초연한 성격 246
최면법 202
컬럼비아 학파 103

ㅌ
통찰 191

ㅍ
페르소나 235
평균오차법 29
프래그난츠 현상 189

ㅎ
한계자극법 29
항상자극법 29
행동주의 120, 121, 122, 138
현상학적 방법 53
형태주의 심리학 172
효과의 법칙 123, 127
히스테리 204

저자
소개

장현갑(Chang Hyoun Kab)

영남대학교 명예교수
마인드플러스 스트레스 대처 연구소 소장

학력

서울대학교 심리학과 졸업
서울대학교 대학원 심리학 박사

경력

서울대학교 심리학과 교수, 가톨릭대학교 의과대학 외래교수
영남대학교 심리학과 교수, 한국심리학회 회장
애리조나대학교 객원 교수, 한국명상학회 명예회장
뉴욕주립발달장애연구소 객원 연구원

공로

Marquis Who's who 5개 분야 등재
2012년 한국심리학회 공로상 수상
2009년 홍조근정훈장 수훈

저서

생각정원(나무의마음, 2014)
마음vs뇌(불광출판사, 2009)
생물심리학(민음사, 1995) 외 다수

역서

마음이 몸을 치료한다(공역, 불광출판사, 2012)
붓다 브레인(공역, 불광출판사, 2010)
마음챙김 명상과 자기치유(상/하)(공역, 학지사, 2005/2010) 등

가볍게 떠나는 심리학 시간여행

A breif history of psychology

2015년 2월 25일 1판 1쇄 인쇄
2015년 3월   5일 1판 1쇄 발행

지은이 • 장현갑
펴낸이 • 김진환
펴낸곳 • ㈜ **학지사**

　　　　121-838 서울특별시 마포구 양화로 15길 20 마인드월드빌딩
대표전화 • 02)330-5114　　　팩스 • 02)324-2345
등록번호 • 제313-2006-000265호

홈페이지 • http://www.hakjisa.co.kr
커뮤니티 • http://cafe.naver.com/hakjisa

ISBN 978-89-997-0562-5 03180

Copyright ⓒ **2015** by Hakjisa Publisher, Inc.

정가 13,000원

인터넷 학술논문 원문 서비스 **뉴논문** www.newnonmun.com

이 도서의 국립중앙도서관 출판시도서목록(CIP)은 서지정보유통지원
시스템 홈페이지(http://seoji.nl.go.kr)와 국가자료공동목록시스템
(http://www.nl.go.kr/kolisnet)에서 이용하실 수 있습니다.
(CIP제어번호: CIP2014032797)